»Schreiben Sie uns!

Wir hoffen, dass Ihnen dieser Reiseführer gefällt und er Ihnen ein guter Begleiter auf einer außergewöhnlichen und spannenden Reise ist.

Weil ein Reiseführer von Erfahrungen lebt, sind wir an Ihren Erlebnissen interessiert: Haben Sie im Buch ein Restaurant entdeckt, das es nicht mehr gibt, eine Sehenswürdigkeit, die wir noch nicht aufgeführt haben, oder eine falsche Adresse? Dann schreiben Sie uns!

Wir nehmen jeden Hinweis und jede Kritik ernst und arbeiten kontinuierlich daran, die Bücher aktuell zu halten und immer weiter zu verbessern. Auch wenn wir nicht jeden Wunsch erfüllen können, machen wir uns immer Gedanken über Ihre Anmerkungen.

Schreiben Sie an: info@reise-know-how.de oder Reise Know-How Verlag Peter Rump GmbH, Postfach 140666, 33626 Bielefeld

Wenn sich Ihre Infos direkt auf das Buch beziehen, bitten wir um die Angabe der Seitenzahl und der Auflagennummer bzw. des Erscheinungsjahres. Besonders hilfreiche Beiträge belohnen wir mit einem Sprachführer Ihrer Wahl aus unserer „Kauderwelsch"-Reihe.

Herzlichen Dank und gute Reisen
Ihr Reise Know-How Verlag

Diesem Buch wurde hier ein herausnehmbarer Faltp
Sollte er beim Erwerb des Buches nicht mehr vorhanden s
er nach.

Liebe Leserin, lieber Leser,

ein unabhängiger Verlag für unabhängig Reisende – das sind wir, der Reise Know-How Verlag aus Bielefeld, eines der letzten Familienunternehmen in der Branche. Obwohl wir zu den größten Reiseführerverlagen Deutschlands gehören, ist der familiäre Umgang miteinander in allen Bereichen des Verlagslebens zu spüren: In der Geschäftsführung in zweiter Generation, in einer wertschätzenden Arbeitsatmosphäre, in der Nähe zu unseren frei arbeitenden Autorinnen und Autoren, im engen Austausch mit unseren Leserinnen und Lesern – und auch in der Zusammenarbeit mit Druckereien in Deutschland, in denen wir ausschließlich und regional unsere Bücher produzieren. Die sollen schließlich erst mit Ihnen auf große Reise gehen.

Alles, was wir in unsere Bücher und Landkarten stecken, soll Ihnen eines ermöglichen: Auf Ihre ganz eigene, individuelle Weise die Welt zu entdecken. Wir wünschen Ihnen viel Freude und unvergessliche Erlebnisse mit diesem Reiseführer.

Es grüßen herzlich
Peter Rump & Wayan Rump

Vom Krisenherd zur Traumfabrik

Belfast fasziniert als Metropole zwischen Großbritannien und Irland. Architektonisch ist es eher mit Liverpool oder Manchester vergleichbar als mit anderen irischen Städten und mancherorts wird man hier das ganze Jahr hindurch mehr britische Fahnen sehen als an Orten in Großbritannien. Aber genauso kann man hier jeden Abend Irish-Folk-Sessions erleben und sogar die irisch-gälische Sprache lernen.

Wer die 1970er- und 1980er-Jahre bewusst erlebt hat, wird als erste Assoziationen beim Namen Belfast wohl Bomben, Attentate und bürgerkriegsähnliche Unruhen haben. Dieser Teil der jüngeren Geschichte Irlands ist in Belfast noch allgegenwärtig, sei es mit akademischer Distanz im Ulster Museum 26, aus Sicht der Beteiligten an Orten wie dem Irish Republican History Museum (s. S. 68), dem Museum of Orange Heritage 39 oder bei einer Besichtigung der Wandgemälde in West-Belfast (s. S. 54).

Vor allem jüngere Besucher assoziieren die Stadt und ihre Umgebung eher mit den Konflikten in Westeros, denn in Studios hier und an Drehorten im Umland wurden viele Szenen der populären Fantasy-Serie „Game of Thrones" (s. S. 34) gedreht, was viele Touristen anlockt, die sich einer der Touren zu den Drehorten oder einer Studiotour anschließen.

Wichtiger noch für das moderne Selbstverständnis der Stadt dürfte die Titanic (s. S. 38) sein, die in Belfast gebaut wurde und der nun unter anderem ein aufwendig gestaltetes, interaktives Museum 20 gewidmet ist, das sich zu einer der populärsten Touristenattraktionen der britischen Inseln entwickelt hat. Enttäuscht sein wird man nach einem Besuch dieser vielseitigen Stadt auf keinen Fall.

Die Autoren

Lars Kabel wuchs im Ruhrgebiet auf, besuchte Belfast schon als Schüler mehrmals und verbrachte im Rahmen seines Studiums 1994/1995 ein Auslandsjahr an der Queen's University. **Astrid Fieß**, die in Koblenz aufwuchs, ging im selben Jahr an die Universität in Galway und schloss einige Monate in Belfast an. Beide leben in Birmingham (England) und besuchen Belfast auch heute noch häufig. Im Reise Know-How Verlag sind von ihnen auch der CityTrip „Dublin", der Kauderwelsch-Band „Irisch-Gälisch" und der Kulturschock „Irland/Nordirland" erschienen.

Danksagung

We are grateful for the kind support of Fiona Ure of Visit Belfast Welcome Centre and the valuable comments on the events in Ballymurphy in 1971 by Ciaran Cahill and Jan Freytag. A big thank you also to Gordon McCoy and Stephen Workman. Go raibh maith agaibh uilig!

085bf-fk

Belfast auf einen Blick

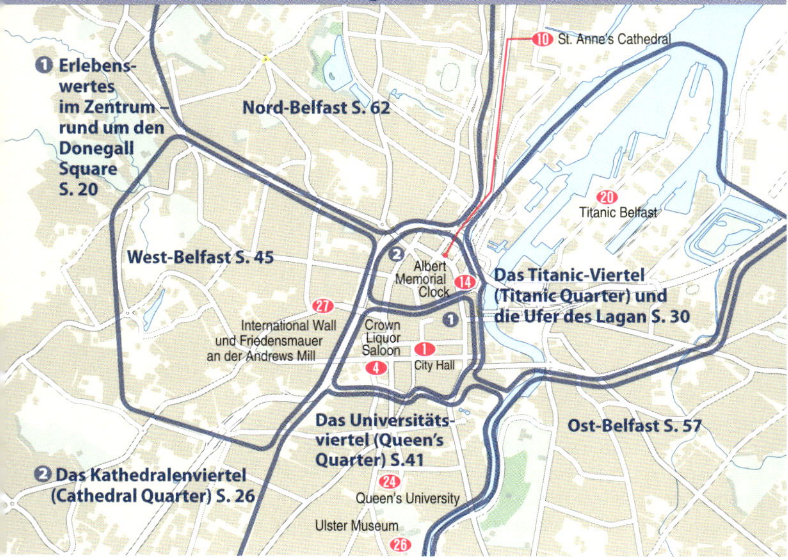

Cleveres Nummernsystem

Die Sehenswürdigkeiten sind im Text und im Kartenmaterial mit derselben **magentafarbenen ovalen Nummer** ① markiert. Alle anderen Lokalitäten wie Geschäfte, Restaurants usw. tragen ein **Symbol und eine fortlaufende rote Nummer** (1). Die Liste aller Orte und die Zeichenerklärung befinden sich im Anhang.

🦋 Der Schmetterling ...

... zeigt an, wo man Angebote im Bereich des nachhaltigen Tourismus findet.

Bewertung der Sehenswürdigkeiten

★★★ nicht verpassen
★★ besonders sehenswert
★ wichtig für speziell interessierte Besucher

Planquadrat im Kartenmaterial

[A1] Orte ohne diese Angabe liegen außerhalb unserer Karten. Ihre Lage kann aber wie die aller Ortsmarken mithilfe der begleitenden Web-App angezeigt werden (s. Anhang).

Updates zum Buch

www.reise-know-how.de/citytrip/belfast24

Vorwahlen, Adressen

- aus dem Ausland nach Nordirland: 004428
- aus der Republik Irland nach Nordirland: 048 (statt 028)
- 028 ist die Vorwahl für alle nordirischen Nummern. Belfaster Telefonnummern beginnen mit 90.
- Bei Adressen wird stets der *postcode* („Postleitzahl") mit aufgeführt. Diesen kann man bei Karten-Apps oder im Navi statt der Adresse eingeben.

Bittles Bar (s. S. 80) ist eines der urigen Lokale von Belfast (001bf-fk)

BITTLES BAR
Heineken

NICHT VERPASSEN!

1 City Hall [B4]

Im Herzen Belfasts steht das imposante Rathaus mit der hellen Portlandsteinfassade und der 53 m hohen Kuppel. Bei schönem Wetter sitzen viele Belfaster auf der Rasenfläche vor dem Gebäude (s. S. 20).

4 Crown Liquor Saloon [A5]

Belfasts bekannteste Kneipe strahlt mit farbigen Fliesen, Holzschnitzereien und Bleiglasfenstern eine Atmosphäre wie im 19. Jahrhundert aus (s. S. 22).

10 St. Anne's Cathedral [B2]

An der „Stricknadel" auf dem Dach der anglikanischen Kathedrale scheiden sich die Geister. Nicht verpassen sollte man die wunderschönen Mosaike, deren Glassteine im Sonnenlicht funkeln (s. S. 26).

14 Albert Memorial Clock [C3]

Da Belfast auf trockengelegtem Marschland gebaut wurde, senkte sich die 1865 gebaute Turmuhr zunehmend, sodass ein Vergleich mit dem Schiefen Turm von Pisa naheliegt (s. S. 30).

20 Titanic Belfast [E1]

In einem silbrig schimmernden Gebäude ist das dem berühmten Luxusdampfer gewidmete Museum beheimatet. Treffenderweise befindet es sich genau dort, wo die Titanic gebaut wurde (s. S. 35).

24 Queen's University [A7]

Der im neugotischen Stil entworfene, reich verzierte Backsteinbau ist das Hauptgebäude einer der besten Unis des Vereinigten Königreichs (s. S. 41).

26 Ulster Museum [A8]

Die umfassende Ausstellung reicht vom Dinosaurierskelett über eine ägyptische Mumie bis zu moderner Kunst (s. S. 43).

27 International Wall und Friedensmauer an der Andrews Mill [ch]

Eindrückliche Wandgemälde porträtieren das Leben in Nordirland aus verschiedenen Perspektiven (s. S. 45).

BELFAST ENTDECKEN

002bf-kw

Willkommen in Belfast

Belfast kann man gut **zu Fuß** erschließen. Die Stadt ist übersichtlich genug, dass man auf den öffentlichen Nahverkehr verzichten kann. Wer sich aber gern mit dem **Fahrrad** bewegt, kann sich an einer der Stationen von BelfastBikes ein Rad leihen (s. S. 123).

Das Zentrum der Stadt bildet die **City Hall** 1, von wo Busse in alle Richtungen abfahren und wo auch viele Stadtführungen beginnen. In südlicher Richtung kommt man ins wohlhabende **Univiertel**, wo sich viele Restaurants und Hotels befinden. Bis zur Queen's University 24 läuft man etwa 20 Minuten. Gegenüber dem Haupteingang der City Hall verläuft in nördlicher Richtung die Straße **Donegall Place.** Sie ist eine der Haupteinkaufsstraßen von Belfast. Rechts gehen weitere Einkaufsstraßen ab, die meist Fußgängerzonen sind. Läuft man geradeaus, gelangt man zum um die St. Anne's Cathedral 10 gelegenen **Kathedralenviertel,** das sich zu einem Kulturzentrum und einer beliebten Ausgehmeile entwickelt hat und wo auch einige Hotels beheimatet sind. Wen **West-Belfast** mit seinen Wandgemälden und zahlreichen Zeugnissen des Nordirlandkonflikts interessiert, ist zu Fuß innerhalb einer Viertelstunde dort. Wer ans **Wasser** möchte, gehe in Richtung Albert Memorial Clock 14 und dort über eine der Brücken des Lagan und auf der östlichen Seite Richtung Titanic Belfast 20. Eine knappe halbe Stunde ist man bis zu dem Museum unterwegs, das an der Stelle steht, wo die Titanic in einem Krangerüst entstand und über die Gleitbahnen ins Meer rutschte.

Nach wie vor kommen vergleichsweise wenige internationale Touristen nach Belfast. Auf viele von ihnen wird man vor der City Hall und im Titanic-Viertel stoßen. Ansonsten sind die meisten Menschen, denen man begegnet, entweder Einheimische oder Besucher aus der Umgebung.

Vorseite: Die City Hall 1 bildet das Zentrum der Stadt

Von der Kuppel des Victoria Square Shopping Centre (s. S. 87) kann man sich gut einen Überblick über die Stadt verschaffen

053bf-fk

009bf-fk

Belfast an einem Tag

Den Tag beginnt man am besten gemütlich bei einem original nordirischen Frühstück, dem *Ulster Fry,* in einem der vielen Cafés. Für den Tag gestärkt bekommt man am besten einen ersten Eindruck der Stadt, wenn man dem auf Seite 13 beschriebenen **Stadtspaziergang** folgt, der bei der City Hall 1 beginnt und beim Victoria Square Shopping Centre (s. S. 87) endet. Hier kann man nun in einem der vielen Restaurants und Cafés einen Happen zu sich nehmen und in ein paar der kleinen Läden stöbern. Sollte man an einem Freitag, Samstag oder Sonntag in der Stadt sein, lohnt sich für die Mittagspause ein Besuch in der historischen Markthalle **St. George's Market** 7, die sich ein paar Gehminuten entfernt am südlichen Ende der Oxford Street befindet. Es gibt Stände mit Speiseangeboten und Kunsthandwerk und oft wird Livemusik gespielt.

Für den Nachmittag bietet sich je nach Interessenlage entweder eine Black Taxi Tour (s. S. 125) zu den **Wandgemälden** (s. S. 54) in West-Belfast oder ein Besuch im multimedialen Museum **Titanic Belfast** 20 auf der anderen Flussseite an, bei dem man in die Geschichte des berühmten Luxusdampfers „eintauchen" kann.

Den Abend lässt man am besten in einem der traditionsreichen Pubs wie zum Beispiel **Kelly's Cellars** (s. S. 81) oder **White's Tavern** (s. S. 83) ausklingen.

SS Nomadic 19 *mit dem Museum Titanic Belfast* 20 *im Hintergrund*

Kurztrip nach Belfast

1. Tag

Am ersten Tag in Belfast konzentriert man sich am besten auf den Innenstadtbereich rund um die City Hall und das Kathedralenviertel. Hier gibt es eine Menge zu sehen und der auf Seite 13 beschriebene **Stadtspaziergang** ist ein idealer Ausgangspunkt, um ein Gefühl für die Atmosphäre der Stadt zu bekommen. Man sollte sich auch Zeit für eine kostenlose Führung durch die **City Hall** 1 und einen Besuch in der **St. Anne's Cathedral** 10 mit ihren wunderschönen Mosaiken nehmen. Ein Bummel durch die **Entries** (s. S. 19), die umliegenden Einkaufsstraßen und am Wochenende ein Abstecher zu **St. George's Market** 7 seien unbedingt empfohlen.

Am Nachmittag lohnt es sich, etwas mehr Zeit in West-Belfast (s. S. 45) zu verbringen um sich mit der Geschichte des Nordirlandkonflikts vertrauter zu machen. Einen guten Anfang macht eine **Black Taxi Tour** (s. S. 125), die normalerweise an den wichtigsten Wandgemälden und Sehenswürdigkeiten sowohl des katholischen als auch des protestantischen West-Belfast vorbeiführt. Die Fahrer sind meist sachkundige Zeitzeugen und beantworten gern alle Fragen. Bei Interesse kann man sich am Kulturzentrum **Cultúrlann** 30 auf der Falls Road absetzen lassen und dann mit dem Bus, Taxi oder zu Fuß zurück in die Innenstadt kommen.

Abends kann man in einem der historischen Pubs wie **Kelly's Cellars** (s. S. 81) oder **White's Tavern** (s. S. 83) bei einem Pint Guinness einer traditionellen Musiksession beiwohnen. Wer es lieber moderner mag oder gern tanzt, der ist im **Empire** (s. S. 84) oder im **Alibi** (s. S. 84) gut aufgehoben.

Hier kann man abends einkehren: Kelly's Cellars (s. S. 81) am Banks Square

010bf-fk

2. Tag

Diesen Tag widmet man am besten dem **Titanic-Viertel** auf der Ostseite des Flusses Lagan, denn hier gibt es eine Fülle an Museen, die einen stundenlang in ihren Bann ziehen. Nach einem Spaziergang entlang dem **Glass of Thrones Trail** (s. S. 32) auf die andere Flussseite sollte man den Anfang im Museum **Titanic Belfast** 20 machen. Eine multimediale Ausstellung informiert über den Bau des Luxusdampfers, über seine schicksalhafte Jungfernfahrt sowie die Auswirkungen der Katastrophe und deren Aufarbeitung. Empfohlen sei auch die separat buchbare **Discovery Tour**, bei der man in den Außenanlagen einen guten Eindruck der Dimensionen und der Baugeschichte des Schiffs bekommt. Wer jetzt noch Energie hat, kann sich das kleine ehemalige Zubringerschiff der Titanic, die **SS Nomadic** 19, und das historische Kriegsschiff **HMS Caroline** 22 ansehen.

Abends kann man in einem der Pubs und Clubs die vielfältige Musiklandschaft der Stadt erkunden oder auf ein Glas in eine der etwas kleineren Kneipen wie **Spaniard** (s. S. 83) oder **Sunflower** (s. S. 83) einkehren. Kulturinteressierte können eine der vielen Theater-, Comedy- oder Musicalveranstaltungen im **Lyric Theatre** (s. S. 85), **Grand Opera House** 5, **Metropolitan Arts Centre** 11 oder in einem der anderen zahlreichen kleineren Veranstaltungsorte besuchen. Karten und Informationen gibt es in der Touristeninformation am Donegall Square (s. S. 117) oder online (https://visitbelfast.com/whats-on).

011bf-fk

Engelsfigur mit Wappen Ulsters an der Queen's University 24

3. Tag

Unbedingt sehenswert ist auch Belfasts Süden mit dem Universitätsviertel rund um die **Queen's University** 24. Von Donegall Square East fährt ein Bus (Nr. 8a-d) direkt bis zur Universität (Haltestelle „Queen's University"). Wenn man etwas mehr Zeit mitbringt und gut zu Fuß ist, kann man von der City Hall 1 immer geradeaus nach Süden durch die Bedford Street und die Dublin Road vorbei an zahlreichen kleinen Restaurants bis zum Shaftsbury Square gehen. Nun hat man die Wahl: Man kann weiter geradeaus die University Road entlang direkt zum Haupteingang der Queen's University gehen und kommt dabei an verschiedenen Kirchen und eleganten Häusern vorbei, bis links das imposante Backsteingebäude der Universität auftaucht. Stattdessen kann man auch links in die Botanic Avenue, das studentische Ausgehviertel, einbiegen.

Das gibt es nur in Belfast

- **Albert Memorial Clock** 14: Der Eindruck, dass dieser 1870 errichtete Uhrturm schief steht, trügt nicht, denn er wurde auf sumpfigem Gelände errichtet, das dem nun unterirdisch verlaufenden Fluss Farset abgewonnen wurde. 2002 verstärkte man das Holzfundament des Turms, um ein weiteres Absinken zu verhindern.
- **Samson & Goliath** 21: Diese beiden nach alttestamentarischen Charakteren benannten, von Krupp gebauten Portalkräne gehören der Werft Harland & Wolff und haben sich seit 1969 (Goliath) und 1974 (Samson) zu Wahrzeichen Belfasts entwickelt.
- **Politische Wandgemälde** 27: Wandgemälde, die je nach Viertel eine (irisch-)republikanische oder (britisch-)loyalistische Deutung der Geschichte und aktuellen Situation Nordirlands vermitteln, sind eine Besonderheit Nordirlands und es gibt nirgends so viele wie in Belfast (s. a. S. 54).
- **Irisch-Gälisch in einem urbanen Umfeld:** Eigentlich wird Irisch nur noch in einigen abgelegenen Küstenregionen der Republik Irland gesprochen, doch in Belfast haben viele Menschen die Sprache erlernt, sodass es das irischsprachige Kulturzentrum Cultúrlann 30, einen Radiosender und mehrere irischsprachige Schulen gibt. Im Gaeltacht Quarter (s. S. 50) sind viele Straßenschilder zweisprachig.
- **Friedensmauern** („peace lines") 27 31 32: Meist kommen Katholiken und Protestanten in Nordirland gut miteinander aus, aber wegen Hitzköpfen auf beiden Seiten stehen die größtenteils in den frühen 1970er-Jahren errichteten Mauern zwischen einigen protestantischen und katholischen Gegenden nach wie vor. Sie werden manchmal als „Berliner Mauer" bezeichnet und ziehen sich z. B. durch West-Belfast.
- **St. Anne's Cathedral** 10: Die anglikanische Kathedrale hat seit 2007 eine „Stricknadel" auf dem Dach – eine 40 m hohe Stahlspitze, die den Namen „Spire of Hope" („Spitze der Hoffnung") trägt und nachts beleuchtet wird.
- **Titanic Belfast** 20: Das größte und modernste Titanic-Museum der Welt steht an dem Ort, wo das Schiff gebaut wurde. Das ungewöhnliche Gebäude erinnert an einen Schiffsbug, wird aber im Volksmund als „Eisberg" bezeichnet.

Wandgemälde „Summer of 69", Hopewell Crescent, Shankill (s. S. 54)

012bf-fk

Hier geht es geschäftiger zu und Cafés und Restaurants reihen sich aneinander. Am Ende der Botanic Avenue geht es durch die Straße College Park East, bis man rechts auf die Straße University Square trifft und an der Universität angekommen ist.

Hat man einen kleinen Bummel durch den Innenhof der Universität gemacht, holt man sich am besten in der Touristeninformation am Haupteingang eine Broschüre für eine **selbstgeführte Tour** durch das Universitätsgebäude. Sehenswert ist vor allem die große Halle, aber es gibt auch eine kleine Kunstausstellung.

Zum Mittagessen hat man die Qual der Wahl zwischen den Cafés und Restaurants in der Botanic Avenue. Man kann aber auch ein Stück weiter Richtung Botanischer Garten gehen und sich in einem der kleinen Cafés am unteren Ende der Stranmillis Road ein Paket für ein **Picknick** packen lassen. Frisch gestärkt geht es nun auf einen Bummel durch die **Botanic Gardens** 25, bei dem man auf keinen Fall das **viktorianische Palmenhaus** und das **Gewächshaus mit der Tropenschlucht** verpassen sollte. Abschließend ist ein Besuch im **Ulster Museum** 26 unbedingt empfehlenswert, bei dem Besucher jeden Alters auf ihre Kosten kommen.

Den Abend kann man in diesem Viertel auch gut bei einem Essen und später in einer der zahlreichen Bars oder einer Vorstellung im hervorragenden Programmkino **Queen's Film Theatre** (s. S. 85) verbringen.

Routenverlauf im Stadtplan

Der hier beschriebene Spaziergang ist mit einer farbigen Linie im Stadtplan eingezeichnet.

Stadtspaziergang

Wer einen ersten Eindruck von der Atmosphäre Belfasts bekommen und sowohl den traditionellen Stadtkern wie auch das moderne Stadtbild nicht verpassen möchte, sollte seinen Besuch mit diesem etwa vierstündigen Spaziergang beginnen. Er führt vom Rathaus im Stadtzentrum durch die angrenzenden Straßenzüge und geht dann weiter in das neu belebte Kathedralenviertel, ins moderne Belfast, ans Ufer des Flusses Lagan und zurück ins Einkaufsviertel der Stadt.

Ausgangspunkt ist das Rathaus, die **City Hall** 1 am Donegall Square. Sie wurde zwischen 1898 und 1906 gebaut und ist mit ihrer weißen Fassade und der grünen Kuppel auf dem Dach eine gute Orientierungshilfe. An der Nordseite findet sich auch die **Touristeninformation** (s. S. 117), in der man gute Informationen über den Aufenthalt in Belfast und seiner Umgebung bekommen kann. Ein Bummel um die City Hall herum ist auf jeden Fall zu empfehlen, da hier viele der wunderschön verzierten **viktorianischen und edwardianischen** Häuser stehen, an denen man von Mustern und Pflanzenverzierungen über Fabelwesen bis zu den Köpfen berühmter Persönlichkeiten fast alles finden kann. Besonders interessant ist zum Beispiel das **Gebäude des Scottish Provident** (1897–1902) an der Nordwestecke des Platzes. Hier findet man unter anderem vier Paneele, die die vier traditionellen Hauptindustriezweige von Belfast (Druckerei, Taumacherei, Schiffbau und Spinnerei) zeigen. Außerdem kann man eine Witwe mit ihren zwei Kindern, zwei Sphinxe, vier Delfine, 16 Löwenköpfe und 17 Königinnen entdecken. Gegenüber befindet sich

015bf-fk

die **Linen Hall Library** 2 (1864), Belfasts älteste Bibliothek, in der Besucher willkommen sind.

An der Nordseite des Donegall Square, an der Ecke zur Straße Donegall Place, fällt einem das helle, sechsstöckige und mit drei Türmen versehene ehemalige **Kaufhaus Robinson & Cleaver** ins Auge, das 1888 fertiggestellt wurde und bis 1984 Luxusgüter an Belfaster und per Post an Kunden aus aller Welt verkaufte. Der Name steht noch über dem Haupteingang. Heute befindet sich hier das **Café Parisien** (s. S. 73). Die Turmuhr geht übrigens noch genau, was man allerdings von vielen anderen alten Uhren, die man überall in der Stadt sieht, nicht sagen kann! Rechts daneben befindet sich das rote **Sandsteingebäude von Richardson, Sons & Owden** (erbaut 1867–1869), das ein Lagerhaus für Leinen war. Heute beherbergt es eine Filiale der bekannten britischen Warenhauskette Marks and Spencer (M&S).

An der Nordostecke des Platzes thront das einer schottischen Burg ähnelnde **Ocean House** (1899–1902), ein ehemaliges Versicherungsgebäude, das tatsächlich aus schottischem Stein gebaut wurde. Es ist reich dekoriert, u. a. mit Schild tragenden Meerjungfrauen, dem Symbol der ehemaligen Ocean-Versicherung. Wer einen Eindruck bekommen möchte, wie Belfast vor dem Ende des 19. Jh. ausgesehen hat, dem sei ein Blick auf die beiden **georgianischen Häuser** (Hausnummer 7–9) in der Chichester Street direkt daneben empfohlen.

Das Gebäude der **Ulster Bank** an der Ostseite des Donegall Square erinnert an einen griechischen Tempel. Es ist eines der ältesten Häuser am Platz (1847–49) und war früher eine methodistische Kirche, allerdings ist heute nur noch die Fassade original. Auf der Südseite des Platzes sollte man unbedingt einen Blick auf das **Yorkshire House** (1862–1863, heute Ten Square Hotel) werfen, das ursprünglich auch ein Leinenlagerhaus war. Hier sieht man sich Größen wie

Georgianische Häuser in der Chichester Street

Michelangelo, William Shakespeare oder George Washington gegenüber, deren steinerne Gesichter einen von der Fassade anblicken. Schließlich steht an der Ecke zur Bedford Street ein weiteres Gebäude im schottischen Stil, das **Scottish Mutual Building** (1904). Im ursprünglichen Sitz einer Versicherung hat 2019 ein der Belfaster Fußballlegende George Best gewidmetes Hotel eröffnet.

Hat man sich an der üppigen Architektur am Donegall Square sattgesehen, geht es nun die Howard Street entlang, bis man rechts den spitzen Turm der **Assembly Buildings** 3, 1905 als Hauptquartier für die presbyterianische Kirche in Irland im neugotischen, sich am Mittelalter orientierenden Stil gebaut, sehen kann. Dann biegt man links in die Great Victoria Street ein. Hier stößt man auf einige der bekanntesten Sehenswürdigkeiten in Belfast, allen voran auf der linken Seite auf den **Crown Liquor Saloon** 4, Belfasts bekanntestes Pub. Die Fliesendekorationen sind schon von außen sehenswert, aber wer ein bisschen Zeit mitbringt, kann hier auf ein Getränk einkehren. Überquert man die Straße, steht man vor dem **Europa Hotel**, das während des Nordirlandkonflikts vor allem dadurch in die Schlagzeilen geriet, dass es das am häufigsten durch Bomben beschädigte Hotel Europas war. Hier wohnen häufig Staatsgäste und Journalisten.

Wieder zurück auf der Great Victoria Street geht es an Belfasts Opernhaus, dem **Grand Opera House** 5, vorbei bis zur Statue des presbyterianischen Theologen Henry Cooke (1788–1868). Hier biegt man rechts in den Wellington Place ein und schlendert vorbei an Geschäften und Restaurants, bis man links die Queen Street erreicht. Von dort geht es gleich rechts zur College Street, wo man im Fountain Centre eine der neueren Sehenswürdigkeiten Belfasts, die **Alice Clock**, die einzige automatische Musikuhr in Irland, bestaunen kann, die zu jeder vollen Stunde schlägt. Ihre Figuren basieren auf dem Roman „Alice im Wunderland“ von Lewis Carroll. Wer jetzt Lust auf eine kleine Pause hat, kann bei der **Jeffers Home Bakery** (s. S. 88) eine süße Leckerei oder einen Snack erstehen oder einen Abstecher zum Delikatessenladen **Sawers** (s. S. 89) machen, einer Institution in Belfast, wo man auch alles Nötige für ein späteres Picknick besorgen kann.

Gestärkt geht es nun weiter durch die **Queen's Arcade**, eine wunderschöne, historische Einkaufspassage aus dem 19. Jh mit schicken Geschäften und kleinen Cafés, bis zum **Donegall Place**, einer Hauptschlagader der Innenstadt. Hier finden sich die Filialen der bekannten großen Ladenketten und tagsüber herrscht ein

KURZ & KNAPP

Britische Architekturstile

Als **georgianisch** wird der Architekturstil bezeichnet, der in der Regierungszeit der vier Könige namens George (1720–1830) vorherrschte. Er orientierte sich stark an gräko-romanischen Vorbildern und ist durch symmetrische Gliederung gekennzeichnet. Es folgte die Regierungszeit der Königin Victoria (1837–1901) und mit ihr der **viktorianische** Architekturstil. Dieser griff eklektisch auf Stilrichtungen vergangener Zeiten zurück, die er mit Einflüssen aus Asien mischte. Die kurze Regierungszeit von König Edward VII. (1901–1910) gab dem **edwardianischen** Stil ihren Namen, der weniger mit Verzierungen arbeitete und aufgeräumter wirkte, als dies im 19. Jh. der Fall war.

014bf-fk

In dem Gebäude im Art-déco-Stil der 1920er-Jahre hatte die Bank of Ireland ihren Sitz

geschäftiges Treiben. Den unteren Teil der Straße säumen große, **an Segel erinnernde Masten,** die die Schiffe der berühmten White Star Line (Titanic, Olympic, etc.), der Prestigelinie der Belfaster Werft Harland & Wolff (s. S. 38), repräsentieren.

Weiter die Straße hinunter geht es nun über die Kreuzung in die Royal Avenue. Links befand sich im 1787 fertiggestellten **Bank Building** mit seiner Turmuhr eine Filiale der irischen Modekette Primark. 2018 brannte das Gebäude bis auf die Außenmauern aus. Das Gebäude wird derzeit restauriert. Das elegante, helle Gebäude rechts daneben war früher die **Provincial Bank** und dann lange ein **Supermarkt**. Heute befindet sich hier das **Kulturzentrum 2 Royal Avenue** (s. S. 91) mit Café. Es lohnt sich auf jeden Fall, sich die historischen Verzierungen und die wunderschöne Kuppel im Inneren des Gebäudes anzusehen. Weiter geht es links an dem Gebäude vorbei zum **Bank Square. Kelly's Cellars** (s. S. 81) und die **Mourne Seafood Bar** (s. S. 75) sorgen abends für Musik und das leibliche Wohl. Sehenswert ist außerdem die **St. Mary's Church** am westlichen Ende des Platzes, eines der ältesten Gebäude der Stadt.

Jetzt geht es zurück zur Royal Avenue. Kurz vor dem Shoppingcentre **Castle Court** (s. S. 87) lohnt rechts ein Abstecher zur **First Presbyterian Church** in der Rosemary Street, dann geht es weiter bis zur Kreuzung North Street, wo man einen anderen Aspekt der Belfaster Architektur bewundern kann: Das **Sinclair Building** (1936) auf der rechten Seite mit seiner beige-roten Fassade und der großen Uhr im Giebel und das **Gebäude der Bank of Ireland** (1928–1930) auf der linken Seite sind Paradebeispiele für den Art-déco-Stil.

Weiter geradeaus kommt man zur **Central Library** und biegt schließlich rechts vor dem Buoy Park ein, um zur **St. Anne's Cathedral** 10, einem Muss für Kunst- und Architekturliebhaber, zu gelangen. Der gegenüberliegende Hof wird einerseits von dem modernen **Metropolitan Arts Centre** 11 und andererseits von einer Anzahl verschiedener, schicker Restaurants gesäumt. Von St. Anne's Square biegt man nun in die **Hill Street** ein und kann in den industriellen Charme des 19. Jh. mit seinem Kopfsteinpflaster und den vielen roten Backsteingebäuden eintauchen, den das nach St. Anne's benannte **Kathedralenviertel** ausstrahlt. Kleine Geschäfte und Cafés säumen die engen Straßen und Musikinteressierte können im **Oh Yeah Music Centre** (s. S. 69) in der Gordon Street einen Eindruck der Musikgeschichte der Stadt bekommen.

Auf dem Weg weiter die Hill Street entlang lohnt es, kurz rechts in den **Commercial Court** 12 einzubiegen. Diese mit Lichterketten überspannte und von Holzbänken gerahmte Gasse füllt sich vor allem abends mit Leben, wenn die Besucher der umliegenden Pubs wie der bekannte **Duke of York** (s. S. 80) sich draußen zum Trinken niederlassen. Gleich gegenüber dem Eingang zu Letzterem findet sich auch ein abends zugänglicher Innenhof, der über und über mit **Wandgemälden** bedeckt ist, die vor allem Größen aus der Belfaster Musik- und Kunstszene, aber auch Alltagsszenen zeigen. Zurück in der Hill Street folgt man nun der Straße, bis man auf die Waring Street stößt. Gleich links fällt das imposante, sandsteinfarbene Gebäude des **Merchant Hotel** mit seinen Säulen, den Figuren auf dem Dach und den verzierten Laternen vor dem Treppenaufgang ins Auge. Das denkmalgeschützte Art-déco-Haus beherbergte früher eine Bank. Wenn man eine kleine Pause einlegen möchte, lohnt es sich, die Inneneinrichtung bei einer Tasse Kaffee oder Tee zu bestaunen.

Nun folgt man der Waring Street bis zur Victoria Street, überquert diese und biegt auf der anderen Straßenseite nach rechts ab. Hier sieht man schon die **Albert Memorial Clock** 14, den „Schiefen Turm von Belfast" und eines der bekanntesten Wahrzeichen der Stadt. Wendet man sich nun nach links und geht weiter über den Queen's Square, befindet sich links davon der architektonisch interessante **Custom House Square** 13, an dem es nicht nur das Zollhaus aus dem 19. Jh., sondern auch eine prächtige Vieh- und Pferdetränke aus dem 19. Jh., die **Calder Fountain**, und mit **McHughs Bar** (s. S. 82) das älteste noch bestehende Gebäude Belfasts (1711) zu sehen gibt.

090bf-fk

Am Commercial Court 12 *rund um den Duke of York (s. S. 80) ist immer etwas los*

Weiter geht es Richtung Fluss. Am Ufer des Lagan bekommt man einen Eindruck vom modernen Belfast: Links erhebt sich der halbrunde **Obel Tower** mit seiner Glasfassade, das höchste bewohnbare Gebäude der Insel. Geradeaus sollte man einen Blick auf **Big Fish** 17 werfen. Die mit blauweißen Fliesen verkleidete moderne Skulptur eines Lachses ist zu einem der beliebtesten Wahrzeichen Belfasts geworden und auf den Treppenstufen dahinter lässt es sich gemütlich ein Weilchen ausruhen. Von hier aus kann man auch einen Blick auf die berühmten gelben **Portalkräne Samson & Goliath** 21 auf der gegenüberliegenden Flussseite erhaschen. Überhaupt ist das Ufer des Lagan in neuerer Zeit zu einer Art Freilichtgalerie geworden, da sich überall auf dem Weg interessante Skulpturen finden. Nach rechts ein Stück weiter das Ufer entlang befindet sich zuerst das **Lagan Weir**, eine moderne Anlage (1994), die durch den Ausgleich der Gehzeiten die Wasserqualität des Flusses deutlich verbessert hat. Weiter unten sieht man die **Queen's Bridge** aus dem 19. Jh. mit ihren reich verzierten Eisengeländern und Laternen. Hier steht außerdem die nicht zu übersehende Metallskulptur eines Mädchens, die einen Ring hält (**Statue of Harmony** 16) und ein Symbol für den Neuanfang und die Regenerierung der Stadt nach dem Nordirlandkonflikt sein soll.

Jetzt geht es zurück zur Albert Memorial Clock und von dort in die **High Street.** Früher verlief hier der Fluss Farset, der aber überbaut wurde und heute nicht mehr zu sehen ist. Auf der linken Seite trifft man zuerst auf **St. George's Church**, die älteste anglikanische Kirche der Stadt. Wenn man etwas Zeit mitbringt, lohnt sich ein Blick ins Innere. Etwas weiter die High Street hinunter befindet sich eine Belfaster Besonderheit, die sogenannten **Entries** (s. S. 19). Hier

Die Metallskulptur „Spirit of Belfast" am Arthur Square [B/C4]

016bf-kw

findet sich eine Reihe der ältesten Gebäude der Stadt und man sollte sich etwas Zeit zum Schlendern nehmen, um die geschäftige Atmosphäre um die kleinen Cafés und Pubs herum zu genießen.

Nun geht es links durch die Straße **Corn Market** [B3] zum **Arthur Square.** Früher stand hier das älteste Markthaus der Stadt und der Ort ging im 18. Jh. in die Geschichte ein, da hier Henry Joy McCracken, einer der Gründer der United Irishmen (s. S. 101), öffentlich hingerichtet wurde. Heute ist der Platz ein Hauptknotenpunkt der Fußgängerzone. Nicht zu übersehen ist die große Metallskulptur **„Spirit of Belfast"** des New Yorker Künstlers Dan George aus dem Jahr 2009, an der sich die Geister scheiden und die schon mal als „Zwiebelringe" bezeichnet wurde. Ein Blick nach oben auf die Architektur der umliegenden Häuser lohnt hier allerdings auch. Vor allem das helle **Freimaurerhaus** mit dem großen Sternemblem fällt ins Auge. Es wird übrigens heute noch von der Belfaster Loge genutzt. Rechts dahinter kann man das Glasdach des **Victoria Square Shopping Centre** (s. S. 87), erkennen, in dem ein Besuch der gläsernen Kuppel den Stadtspaziergang abrundet. Mit dem Fahrstuhl kommt man bequem bis unters Dach und hat eine wunderbare Aussicht über ganz Belfast.

The Entries

Die Entries sind eine Reihe enger Gassen, v. a. zwischen High Street [B–C3] und Ann Street [C3], die einst das kommerzielle Zentrum der Stadt ausmachten und in denen vor allem im 18. Jh. Geschichte geschrieben wurde.

- **Pottinger's Entry,** leicht am gusseisernen Bogen am Eingang zu erkennen, wurde nach dem Belfaster Sir Henry Pottinger benannt, der der erste britische Gouverneur von Hongkong wurde.
- **Joy's Entry,** eine der engsten Gassen, wurde nach Francis Joy, dem Gründer des „Newsletter" (s. S. 119), benannt. Die Zeitung wurde ab 1737 lange Zeit hier produziert. Der Enkel von Francis Joy war Henry Joy McCracken, ein United Irishman, der 1798 wegen seiner Rolle während des Aufstands hingerichtet wurde.
- Die nächste Gasse, **Wilson Court,** war im 18. Jh. Herstellungsort der Zeitung „The Northern Star", eine Publikation, die die United Irishmen unterstützte und sich für größere religiöse Toleranz einsetzte. Die Zeitung musst allerdings mit der Verhängung des Kriegsrechts 1797 eingestellt werden.
- **Crown Entry,** gleich die nächste Gasse links, fast zu übersehen, da der Eingang teilweise überbaut und nicht mit einem größeren Schild versehen ist. Man kann auch nicht mehr bis ans andere Ende durchgehen, sondern landet in einem Innenhof bei Crown House, der Geburtsstätte der 1791 gegründeten Society of United Irishmen (s. S. 101).
- **Castle Arcade** war früher auch ein „Entry", ist aber mittlerweile nur ein unscheinbarer Durchgang von der Straße Corn Market zur Castle Lane.
- Auf der anderen Seite der High Street gibt es schließlich noch rechts des Middleton Building das **Winecellar Entry,** in dem man White's Tavern (s. S. 83), die älteste Kneipe Belfasts finden kann.

Erlebenswertes im Zentrum – rund um den Donegall Square

Im Zentrum kann man das durch die Leinenherstellung und den Schiffbau aufstrebende Belfast des 19. und frühen 20. Jh. entdecken und bei der Gelegenheit in der Chichester Street auch noch einen Blick ins Belfast des 18. Jahrhunderts erhaschen.

1 City Hall ★★★ [B4]

Das Rathaus ist wohl eines der markantesten Gebäude in Belfast und steht im Mittelpunkt der Innenstadt. Die dort gezeigte historische Ausstellung ist ein Muss für alle, die sich für die Geschichte Belfasts interessieren und der kleine Park, der sich rund um den Bau erstreckt, lädt zum Verweilen ein.

1906 fertiggestellt und im neubarocken Stil von dem jungen Architekten Sir Arnold Thorneley entworfen, ist die City Hall ein imposanter Anblick. Die helle Portland-Stein-Fassade mit ihren vielen Säulen, der 53 m hohen Kuppel und dem breiten Treppenaufgang an der Nordseite dominiert das Stadtbild. Das Gebäude wurde in Auftrag gegeben, nachdem **Königin Victoria** Belfast 1888 zur „City" (Stadt mit Kathedrale) erklärt hatte, um den neuen Status widerzuspiegeln. Die Statue der Herrscherin steht mit ernstem Gesicht vor dem Gebäude und blickt auf die Besucher. Für lange Zeit war der Bau ein Symbol unionistischer Macht in der Stadtregierung. Mittlerweile besteht der Stadtrat aber mehr oder weniger zu gleichen Teilen aus Vertretern nationalistischer und unionistischer Parteien sowie einer wachsenden Anzahl von Stadträten, die in dieser Hinsicht neutral sind.

017bf-kw

Tritt man ein, sollte man in der **Eingangshalle** zuerst einmal den Blick in alle Richtungen schweifen lassen: Schwarzer und weißer Marmor, die mit Stuck verzierte, hellblau und cremefarbene Deckenkuppel und der mit rotem Teppich ausgelegte Treppenaufgang gegenüber bieten einen beeindruckenden Anblick.

Sehenswert sind die zahlreichen **Bleiglasfenster**, die für britische Unionisten und irische Nationalisten wichtige historische und moderne Themen zum Inhalt haben. Sie thematisieren z. B. den Einsatz der britischen Armee in Nordirland (Erdgeschoss, Nordwestkorridor), den Beitrag, den nordirische Soldaten in der britischen Armee im Ersten Weltkrieg geleistet haben (erster Stock, Rotunde) oder altirische Mythologie und die große Hungersnot in Irland Mitte des 19. Jh., als die Kartoffelernte mehrmals im Boden verfaulte (beide Erdgeschoss, Nordostkorridor). Im Ostflügel befindet sich eine interessante und kostenlose **Dauerausstellung**, in der auf 16 Räumen verteilt sechs thematisch organisierte Bereiche die Stadtgeschichte Belfasts erklären. Die kurzgehaltenen Texte und graphischen Darstellungen sind ansprechend gestaltet und den gegen eine kleine Gebühr erhältlichen Audioguide gibt es auch auf Deutsch.

Wer sich näher für die Geschichte und den Bau der City Hall interessiert, sollte sich nicht die **Führung** entgehen lassen, die mehrmals täglich kostenlos angeboten wird (nur auf Englisch).

In dem **Park** um die City Hall befinden sich eine Reihe von Statuen und Gedenktafeln. Besonders hervorhebenswert ist der 2012 eröffnete **Titanic Memorial Garden**, der um eine bereits vorhandene Gedenkstatue aus dem Jahr 1920 herum angelegt wurde. Die Statue stand ursprünglich auf der Straße vor dem Rathaus, wurde aber 1959 aus Gründen der Verkehrsgefährdung umgestellt. Auf der 9 m langen Tafel im Titanic Memorial Garden sind die Namen der Passagiere und Besatzungsmitglieder aufgelistet, die bei dem Schiffsunglück am 15. April 1912 ums Leben kamen (s. S. 38).

› Donegall Square, BT1 5GS, Tel. 028 90270456, www.belfastcity.gov.uk/visitcityhall, Eintritt: frei (Audioguide 3,50 £), Mo.–Fr. 9.30–17, Sa., So. 10–17 Uhr, kostenlose Führungen (ca. 1 Std.) Mo.–Fr. 11, 14, 15 und 16, Sa., So. 12, 14 und 15 Uhr

Die imposante City Hall, das Rathaus der Stadt

2 Linen Hall Library ★★ [B4]

Belfasts älteste Bibliothek wurde 1788 von der Belfast Reading Society gegründet. Benannt ist sie nach der White Linen Hall, die dem Leinengroßhandel diente und dort stand, wo sich seit Beginn des 20. Jh. die City Hall befindet. 1802 zog die Bücherei in das früher dort stehende Gebäude ein. Als die White Linen Hall der Errichtung des neuen Rathauses Platz machen musste, wurde die Bibliothek in ein ehemaliges Lagerhaus für Leinen verlegt, wo sie noch heute zu finden ist.

Geht man im Gebäude die ausgetretenen Steinstufen hinauf, erblickt man im ersten Stock einen **historischen Lesesaal** mit Holzregalen, Sesseln und Sofas sowie einem Kamin und findet hinter dem Treppenaufgang in den zweiten Stock sogar einen alten Tresor. In den Oberlichtern der Fenster kann man die Abbildungen der Köpfe bekannter Literaten entdecken.

Man sollte sich Zeit nehmen, um in den Büchern zu stöbern. Wer sich für irische und Regionalgeschichte oder für die politische Situation in Nordirland interessiert, findet hier eine einzigartige Sammlung zum Thema.

Links im ersten Stock befindet sich ein nettes **Café**. Hier kann man sich bei einer Tasse Tee oder Kaffee hinsetzen und die Atmosphäre auf sich wirken lassen. Außerdem kann man in der Bibliothek neben Stiften, Bechern und anderen Souvenirs mit dem Bibliothekslogo auch Bücher und Drucke alter Karten sowie historischer Bilder von Belfast erwerben.

› 17 Donegall Square North, BT1 5GB, Tel. 028 90321707, www.linenhall.com, Eintritt: frei (Spende von 3 £ erwünscht), geöffnet: Mo.–Fr. 9.30–17.30 Uhr (Café bis 16.30 Uhr)

Die Presbyterianische Kirche Irlands

Die Presbyterian Church in Ireland ist mit etwa 225.000 Mitgliedern die größte protestantische Glaubensgemeinschaft Nordirlands und nach der anglikanischen Church of Ireland die zweitgrößte protestantische Kirche der Insel. Wie der Name besagt, ist sie irlandweit organisiert, wobei aber 96 % der Presbyterianer Irlands in Nordirland leben. Der Presbterianismus kam im 17. Jahrhundert durch schottische Kolonisten hierher. In Schottland war er 1560 von John Knox begründet worden, der zuvor in Genf gelebt und dort die Theologie von Johannes Calvin kennengelernt hatte, die sein weiteres Wirken bestimmte. Da Presbyterianer nicht der anglikanischen Staatskirche angehören, waren sie in Irland bis ins 19. Jh. wie Katholiken, wenn auch im geringeren Ausmaß, Diskriminierung unterworfen und standen dem britischen Staat oft sehr kritisch gegenüber. Viele der revolutionären United Irishmen waren Presbyterianer. Als aber im 19. Jh. der Nationalismus in Irland populärer wurde und eine deutlich katholische Färbung erhielt, war für die meisten Presbyterianer klar, dass ihre religiöse Freiheit am besten im Rahmen des Vereinigten Königreichs garantiert werden konnte. 2018 beendete die Presbyterian Church in Ireland ihre formelle Beziehung zur Church of Scotland, der Mutterkirche, weil man die dort praktizierte Ernennung schwuler und lesbischer Priester sowie die Anerkennung homosexueller Ehen ablehnt.

3 Assembly Buildings ★ [A4]

Das 1905 im neugotischen Stil erbaute Hauptquartier der Presbyterianischen Kirche Irlands erinnert mit seinem 40 m hohen Uhrentum, in dem sich 12 Glocken befinden, an eine mittelalterliche Burg.

Wie die etwa zur gleichen Zeit gebaute City Hall 1 und die St. Anne's Cathdral 10 spiegelt dieses imposante Gebäude die um die Jahrhundertwende zunehmende Distanz des Nordostens zum restlichen Irland wider und zeugt vom Bestreben, aus der Industriestadt Belfast eine würdige Metropole des britischen Ulsters zu machen. Assembly Buildings, oder **Church House,** wie man den Gebäudekomplex früher auch nannte, wurde an dem Ort gebaut, wo vorher die Fisherwick Church stand. Während des Nordirlandkonflikts mehrmals durch Bomben und Brandanschläge beschädigt, wurden die Assembly Buildings 1992 erstmals gründlich saniert (zuletzt noch einmal 2010) und bekamen die zusätzliche **Funktion eines Konferenzentrums.** Die Assembly Buildings sind normalerweise nicht zu besichtigen.

› Fisherwick Place, BT1 6DW

4 Crown Liquor Saloon ★★★ [A5]

Farbenprächtige Fliesen, Bleiglaskunst und feine Holzschnitzereien – in diesem architektonischen Meisterstück weiß man kaum, wo man zuerst hinschauen soll. Dass man hier auch noch gemütlich sein Bier trinken und die Pracht in aller Ruhe bewundern kann, ist das Beste an diesem Pub.

1826 erbaut, ist der Crown Liquor Saloon eines der besten Beispiele

018bf-fk

viktorianischer **Architektur.** Schon von außen sind die Fassade und der Boden am Eingang mit bunten Fliesen dekoriert, die unter anderem ein Mosaik einer Krone zeigen. Tritt man dann ein, kommt man sich im ersten Moment vor, als stünde man in einer barocken Kirche. Die Bar mit der schweren Granitoberfläche hat fast etwas von einem Altar, das Licht scheint durch die bleiglasverzierten Fenster und Wände. Die Decke und der Fußboden sind mit ausgefallenen Fliesenmosaiken und verzierten Holzvertäfelungen verkleidet.

Bei einem Besuch sollte man sich ein Verweilen in einem der gemütlichen **snugs** nicht entgehen lassen. Diese kleinen, abgetrennten Privaträume tragen die Buchstaben A bis J und waren ursprünglich für Besucher gedacht, die ihr Bier oder ihren Whiskey lieber ungesehen von der Öffentlichkeit zu sich nehmen oder eine ungestörte Unterhaltung führen wollten. Die *snugs* verfügten über alle zeitgenössischen Annehmlichkeiten wie eine Metallplatte zum Anzünden von Streichhölzern oder ein Klingelsystem, mit dem man die Bedienung darauf aufmerksam machen konnte, dass einem die Getränke ausgegangen waren.

Auch wenn man keine Zeit für eine Kneipenpause hat, lohnt sich ein Blick in das Gebäude auf jeden Fall. Hier kann man auch gut zu Mittag oder Abend essen.

› 46 Great Victoria Street, BT2 7BA, Tel. 028 90243187, www.nicholsonspubs.co.uk/thecrownliquorsaloonbelfast, Eintritt: frei, geöffnet: tgl. 11.30–24 Uhr

⌃ *Der Crown Liquor Saloon ist auf jeden Fall einen Besuch wert*

5 Grand Opera House ★★ [A4]

Dieses Opernhaus wurde 1895 von dem bekannten Architekten Frank Matcham entworfen und ist heute Nordirlands wichtigstes Theater. Mit seiner roten Backsteinfassade, den weißen Verzierungen und den runden Fenstern und Zwiebeltürmchen kann man das Gebäude kaum verfehlen.

Anfang des 20. Jh. fanden hier vor allem Varieté-Aufführungen statt, aber während des Zweiten Weltkriegs wurde das Haus wieder zum **Ensemble-Theater.** Sogar der amerikanische Präsident Eisenhower war hier zu den Feierlichkeiten zum Ende des Kriegs zu Gast. Zwischen 1961 und 1972 war in dem Gebäude ein Kino beheimatet. Nachdem man es Anfang der 1970er-Jahre fast abgerissen hätte, wurde das Haus glücklicherweise 1974 als erstes Gebäude in Nordirland unter **Denkmalschutz** gestellt und restauriert. Seit seiner Erbauung war das Theater Bühne für viele bekannte Namen. So traten hier Stan Laurel und Oliver Hardy auf und

019bf-kw

Das Grand Opera House 5 steht unter Denkmalschutz

Luciano Pavarotti präsentierte sich 1963 zum ersten Mal einem Publikum im Vereinigten Königreich.

In den Jahren des **Nordirlandkonflikts** litt das Grand Opera House mehrmals unter Schäden durch Bombenanschläge in der Nähe und musste zwischendurch für Reparaturarbeiten geschlossen werden. Heute erstrahlt es in vollem Glanz und es finden Aufführungen aus den verschiedensten Genres statt, z. B. Schauspiel, Oper, Tanz, Musicals, aber auch die beliebten *pantomimes* (Komödien mit Slapstick, Musik und Tanz, die vor allem zur Weihnachtszeit aufgeführt werden) oder Modenschauen.

› 2–4 Great Victoria Street, BT2 7HR, Tel. 028 90241919, www.goh.co.uk, Eintritt: frei, geöffnet: Mo.–Sa. 10–17 Uhr, Führungen (45–60 Min.) an manchen Samstagen 10.30 Uhr (siehe Website) 12 £, Zugang zur Ausstellung ab 30 Min. vor der Führung

6 Royal Courts of Justice ★ [C4]

Zwischen 1928 und 1933 bewusst in einem **traditionellen Architekturstil** gebaut, um die Würde und Tradition des Gesetzes widerzuspiegeln, sind die Royal Courts of Justice eines der prominenteren Gebäude der Stadt. Die weiße Fassade ist geprägt von den wuchtigen Säulen, die sich an der ganzen Vorderseite entlangreihen. Ursprünglich beherbergte der Bau nicht nur das **Gericht** und dessen Büros, sondern auch andere Regierungsabteilungen, eine Bar und sogar ein Postamt. Letztere sind aber mittlerweile ausgezogen und heute tagen in dem imposanten Bau vor allem regelmäßig verschiedene nordirische Gerichte.

› Chichester Street, BT1 3JF

7 St. George's Market ★★★ [C4]

Unbedingt einplanen sollte man einen Besuch in dieser historischen Markthalle aus dem 19. Jh. War hier in den 1990er-Jahren noch ausschließlich ein Lebensmittelgroßmarkt beheimatet, kann man heute auch als Besucher durch die Hallen schlendern und das bunte Treiben genießen.

Freitags gibt es einen gemischten **Markt**, auf dem man von Obst und Gemüse bis zu Büchern und Antiquitäten viel Interessantes findet. Jeden Samstag gibt es **Livemusik** und der Marktschwerpunkt liegt auf Kunst und Kunsthandwerk sowie einer großen Auswahl an Ständen, die Leckereien aller Art anbieten. Sonntags findet man eine Mischung aus Freitags- und Samstagsmarkt und auch hier wird Musikalisches dargeboten. Außerdem gibt es hier ab und zu Konzertveranstaltungen.

Am besten nimmt man den Glider (G1 Richtung Dundonald) von Wellington Place oder Chichester Street nahe an der City Hall 1 bis Waterfront. Man kann aber auch gut zu Fuß laufen.

Selbst an Tagen, an denen der Markt geschlossen ist, lohnt sich ein Blick auf das rote, denkmalgeschützte **Backsteingebäude** mit seinen elegant geschwungenen Bögen und den grünen, verzierten Metallarbeiten, das in den Jahren 1890 bis 1896 erbaut wurde. An der Fassade finden sich Inschriften auf Latein und Irisch und über dem Haupteingang das Belfaster Wappen.

› 12–20 East Bridge Street, BT1 3NQ, Tel. 028 90435704, www.belfastcity.gov.uk, Eintritt: frei, geöffnet: Fr. 8–14 Uhr, Sa. 9–15 Uhr, So. 10–15 Uhr

8 Ulster Hall ★★ [B5]

Die Ulster Hall ist eines der bekanntesten Gebäude in Belfast und war über die über 150 Jahre seiner Existenz immer wieder eng mit der Geschichte der Stadt und Nordirlands verknüpft.

Das Haus wurde im Jahr 1862 von William Barre, einem Architekten aus der Region, als **Musikhalle** gebaut. Sehenswert ist vor allem die berühmte **Mulholland Grand Organ**, eine Konzertorgel, die der Stadt von dem ehemaligen Bürgermeister und Leinenfabrikanten Andrew Mulholland gestiftet wurde.

Die Ulster Hall ist eines der ersten Häuser der Stadt für Musiker oder andere Persönlichkeiten des Showbusiness, die in Belfast Station machen. Auch politisch war sie immer wieder **Schauplatz der Geschichte**. Lange Zeit war sie politisch mit dem Unionismus verknüpft, aber mittlerweile dient die Ulster Hall als Versammlungsort für politische Parteien aller Couleur.

Besuchern wird heute eine große Auswahl an verschiedenen Darbietungen aus Musik, Tanz und Theater geboten und das Gebäude ist **Stammsitz des Ulster Orchestra.** In der **Galerie** kann man 13 Ölgemälde des viktorianischen Malers Joseph Carey betrachten, die Belfast und seine Umgebung zum Thema haben. Etwas verwunderlich mag es anmuten, dass hier regelmäßig Boxkämpfe stattfanden, und auch heute stehen solche Wettkämpfe manchmal noch auf dem Programm.

› 34 Bedford Street, BT2 7FF, Tel. 028 90334400, www.ulsterhall.co.uk, Eintritt: frei, geöffnet: Mo.–Sa. 10–16 Uhr

020bf-fk

Hier sollte man unbedingt einkaufen gehen: der St. George's Market 7

Das Kathedralenviertel (Cathedral Quarter)

Die Gegend um St. Anne's Cathedral war im 20. Jh. recht heruntergekommen und wurde zu Beginn des neuen Jahrtausends regeneriert und zu einem der Kulturviertel (s. S. 96) Belfasts. Heute gibt es hier viele gute Restaurants, Hotels und Museen. Als im Jahr 2006 vor der Sanierung des Viertels Archäologen in der Gegend gruben, fanden sie unter dem St. Anne's Square die Fundamente von Reihenhäusern aus rotem Backstein aus dem 19. Jh. und neben anderen Gegenständen auch ein Hundehalsband, auf dem zu lesen ist: „I am James Pippard dog whose dog are you" („Ich bin James Pippard[s] Hund, wessen Hund bist du[?]"). Tatsächlich ist durch Melderegister belegt, dass ein Bäcker namens James Pippard von 1819 bis 1835 in der Talbot Street lebte.

9 Clifton House ★ [B1]

Clifton House ist ein imposantes Gebäude, das 1774 im georgianischen Stil von der **Belfast Charitable Society**, einer Wohlfahrtsorganisation, erbaut wurde. Bis ins späte 19. Jh. wurde es als Armenhaus genutzt. Die Organisation kümmerte sich aber nicht nur um die Mittellosen und Kranken. Für damalige Verhältnisse sehr progressiv, wurden die Kinder der Hilfsbedürftigen zu Spinnern und Webern ausgebildet, um in der neusten Industrie der Stadt Arbeit finden zu können. Außerdem gab ein Gesetzesbeschluss der Charitable Society weitreichende Befugnisse über die Wasserversorgung, Stadtplanung, Feuerbekämpfung und den Polizeidienst.

1798, im Jahr der **irischen Rebellion**, gerieten einige Gründungsmitglieder der Charitable Society ins Visier des Militärs, da sie mit einem der Rädelsführer der United Irishmen (Henry Joy McCracken) verwandt waren und – vielleicht zu Recht – unter dem Verdacht standen, selbst revolutionäre Ansichten zu vertreten. Das Armenhaus wäre deshalb beinahe geräumt worden. Henry Joy McCrackens Schwester Mary Ann, die besonders für Frauen- und Kinderrechte eintrat, führte das Haus aber nach der Exekution ihres Bruders trotzdem weiter.

Heute ist das Gebäude von einem schön angelegten **Garten** umgeben und ein Flügel wird von einer anderen Organisation als **Seniorenwohnheim** betrieben. Der vordere Bereich ist als **Konferenzzentrum** und **Veranstaltungsort** in Gebrauch, um das Pflegeheim in dem anderen Flügel und andere Projekte der Charitable Society zu finanzieren. Einmal pro Woche findet eine Hausführung statt.

› North Queen Street, BT15 1EQ, Tel. 028 90997022, http://cliftonbelfast.com, Führungen (1–1½ Std.) zu verschiedenen Zeiten (s. Website) 10 £

10 St. Anne's Cathedral ★★★ [B2]

Die anglikanische Kathedrale der Stadt, nach der das ganze Viertel benannt ist, hat durch ihre „Stricknadel" auf dem Dach einige Diskussionen ausgelöst, ist aber auf jeden Fall auch im Inneren interessant.

Früher stand an dieser Stelle eine einfache Pfarrkirche. Nachdem Belfast 1888 zur „City" wurde, wuchs der Wunsch nach einem größeren und beeindruckenderen Gotteshaus. Dies erwies sich als nicht ganz einfach. Einerseits bereitete der Untergrund, der wie in weiten Teilen der Innenstadt aus Sand und Schlick besteht, statische Probleme. Das ist noch heute im Hauptschiff zu sehen, wo sich der Boden deutlich gesenkt hat. Außerdem entschloss man sich, die Kathedrale **um die alte Pfarrkirche herumzubauen.** Nach der Grundsteinlegung 1899 wurden vier Jahre lang weiter in der alten Kirche Gottesdienste abgehalten, während drumherum das neue Gebäude entstand. Diese Gottesdienste wurden erst Ende 1903 eingestellt und die neue Kathedrale wurde 1904 geweiht.

Für Besucher sind besonders die wunderschönen **Mosaike** über dem Westportal, in der Taufkapelle und den anderen Seitenkapellen sehenswert, deren Glassteine im Licht funkeln, wenn die Sonne hereinscheint. Auf dem Boden des Hauptschiffs findet sich ein schwarz-weißes Marmorlabyrinth, das den Weg des Lebens symbolisieren soll.

Heute kann man in St. Anne's eine Mischung aus den **verschiedensten Architekturstilen** finden, denn die Kirche wurde nie ganz im Sinne der Originalpläne fertiggestellt. Schon in den Anfängen wurden die Pläne für einen reich verzierten Bau im neugotischen Stil überarbeitet und größtenteils vereinfacht, diesmal neuromanisch. Auch nach der Weihung wurde am Mittelschiff weitergebaut. Als allerdings die ursprünglichen Architekten Thomas Drew und W. H. Lynn 1910 bzw. 1915 starben, wich man in der Folgezeit teilweise von den ursprünglichen Plänen ab. Erst 1981 wurde das nördliche Querschiff fertiggestellt.

Statt des nie fertiggebauten Turms erhielt die Kathedrale im Zuge der Stadterneuerung 2007 eine glänzende **Stahlspitze.** Sie ist 40 m hoch, weithin sichtbar und wird nachts von Scheinwerfern angestrahlt. Von innen kann man sie im Dach sehen, da sie auf einer Glasumrandung steht. Man gab ihr den Namen **„Spire of Hope"** („Spitze der Hoffnung"), um Hoffnung und Neuanfang nach dem Friedensprozess in Nordirland und die Regenerierung der Stadt zu symbolisieren. Allerdings fand das Design nicht nur Freunde und einige Bewohner fanden, dass die „Stricknadel" auf dem Dach nicht zum Gesamtbild der Kathedrale passt. Mittlerweile haben sich die Belfaster aber an ihr neues Wahrzeichen gewöhnt.

› Donegall Street, BT1 2HB, Tel. 028 90328332, www.belfastcathedral.org, Eintritt: Erw. 2 £, Begleitheft (auch auf Deutsch) 1 £, Kinder frei, geöffnet: Mo.–Fr. 10.30–16 Uhr, Führungen (Audioguide, auch auf Deutsch, oder persönlich geführte Tour, nur auf Englisch) 5 £ inkl. Eintritt

021bf-fk

St. Anne's Cathedral mit der „Spire of Hope"

11 The MAC (Metropolitan Arts Centre) ★★ [C2]

Dieses moderne **Kunst- und Kulturzentrum** wurde 2012 eröffnet und gewann bereits im darauffolgenden Jahr den renommierten National Award des Royal Institute of British Architects. Jährlich kommen über 200.000 Besucher, um sich die **Kunstgalerie** oder eine der zahlreichen **Sonderausstellungen** anzusehen, an einem **Workshop** teilzunehmen, ein **Theaterstück** oder ein **Musical** zu erleben oder einfach die Atmosphäre bei einer Tasse Kaffee zu genießen.

Das Gebäude, welches auch für eine Reihe anderer **Architekturpreise** nominiert war, wurde von der Architektengruppe Hackett Hall McKnight entworfen. Allerdings geriet die Einrichtung mehrmals in die Schlagzeilen: Nicht nur dauerte es 10 Jahre von der ersten Planung bis zur Fertigstellung und die ursprünglich anvisierten Kosten verdoppelten sich fast, sondern nur drei Jahre nach der Fertigstellung begann die Basaltsteinfassade zu bröckeln und erforderte umfangreiche Reparaturmaßnahmen. Nichtsdestotrotz ist das Zentrum mittlerweile ein fester Bestandteil der Belfaster Kulturszene geworden.

Gleich am Eingang geht es rechts in die **Sunken Gallery,** eine Halle für Sonderausstellungen. Außerdem befindet sich hier das Café. Die Innendekoration ist hauptsächlich in Backstein und Beton gehalten und wirkt – auch durch den Steinboden – recht dunkel. Geht man ein Stück weiter, öffnet sich das Gebäude aber nach oben, Licht flutet durch die großen Fenster und der Blick bleibt an der faszinierenden Installation **„The Permanent Present“** („Die beständige Gegenwart“, „Die permanente Präsenz“) des irischen Künstlers Mark Garry hängen. Das Werk besteht aus 400 Metallschnüren in den Farben gebrochenen Lichts, die wie ein Lichtstrahl eng nebeneinander durch den Raum gespannt sind. Vor allem von den höheren Stockwerken aus lohnt sich ein Blick darauf. In Kommission gegeben wurde das Kunstwerk vom Thomas Devlin Fund, einer Stiftung, die von der Familie eines 2005 ermordeten Teenagers ins Leben gerufen wurde. „The Permanent Present“ soll Hoffnung und die Sinnlosigkeit von Gewalt versinnbildlichen.

Für Besucher gibt es außer dem Café zwei Theater, drei Kunstgalerien und verschiedene Übungsräume sowie Studios. Sonderausstellungen und Theatervorführungen kosten Eintritt, die Ausstellungen sind kostenlos.

022bf-fk

› 10 Exchange Street West, BT1 2NJ, Tel. 028 90235053, https://themaclive.com, Eintritt: für Hauptgalerien frei, variable Preise für Sonderausstellungen und Veranstaltungen, geöffnet: Di.–So. 9–17 Uhr (Galerien ab 11 Uhr)

12 Commercial Court Murals ★★ [C3]

Bei einem Bummel durch das Kathedralenviertel mit seinen kopfsteingepflasterten Sträßchen sollte man sich die Zeit nehmen, von der Hill Street aus in die kleine Gasse Commercial Court einzubiegen. Die Straße wird von langen Holzbänken gesäumt, auf denen sich die Zecher des **Pubs Duke of York** (s. S. 80) im Freien niederlassen können. Folgt man den Bänken nach rechts, gelangt man in einen abends geöffneten Durchgang, der schließlich in einen Innenhof führt. Beide sind mit farbenfrohen **Wandgemälden** (engl. *murals*) bedeckt, die im Durchgang hauptsächlich berühmte Belfaster und Prominente aus der Region zeigen. So kann man Van Morrison oder Seamus Heaney ausmachen. Im Innenhof selbst finden sich **gemalte Fenster**, hinter denen sich das moderne Belfaster Leben in seiner ganzen Bandbreite abspielt. Es lohnt sich auf jeden Fall, sich hier ein Weilchen niederzulassen.

› Commercial Court, BT1 2NG, Innenhof mit Wandgemälden: geöffnet tgl. ab 18 Uhr (bis der Duke of York schließt)

023bf-fk

Wandmalereien in der Gasse Commercial Court

„The Permanent Present", Installation im MAC

13 Custom House Square ★ [C3]

Dieser **verkehrsberuhigte Platz** befindet sich in einem der ältesten Teile Belfasts, wo im 18. Jh. Land durch die Trockenlegung des Marschlands an der Mündung des Flusses Farset gewonnen wurde. Dominiert wird der Ort vom 1857 fertiggestellten, vom bekannten Architekten Charles Lanyon im italienischen Stil entworfene **Custom House** („Zollhaus"), das heute noch die nordirische Steuerbehörde beheimatet.

Die Fläche vor dem Custom House diente lange als öffentlicher Redeplatz. Heute steht die lebensgroße Bronzestatue **„The Speaker"** („Der Redner") des Künstlers Gareth Knowles auf den Stufen vor dem Gebäude. Die **Laternen** am Rand des Platzes werden auch manchmal „The Hecklers" („Die Zwischenrufer") genannt.

Neben dem Custom House befindet sich die **Calder Fountain**, eine Vieh- und Pferdetränke, die 1859 errichtet und nach ihrer Restaurierung 2003 fast am Originalstandort wieder aufgestellt wurde. Benannt ist sie nach Francis Anderson Calder, der die ersten zehn Tränken in der Stadt finanzierte und ein früher Verfechter des Tierschutzes auf den britischen Inseln war. Am unteren Ende des Platzes, am Queen's Square, findet man in Belfasts ältestem noch stehendem Gebäude aus dem Jahr 1711 **McHugh's Bar** (s. S. 82). Sie ist mittlerweile restauriert, aber viele ursprüngliche architektonische Besonderheiten des im georgianischen Stil gebauten Hauses blieben erhalten.

› Custom House Square, BT1 3ET

14 Albert Memorial Clock ★★★ [C3]

Belfasts Antwort auf den Schiefen Turm von Pisa und wohl eines der markantesten Bauwerke der Stadt findet sich unübersehbar in der Mitte der Straße am Queen's Square.

Die Turmuhr wurde 1865 im gotischen Stil zu Ehren von Prinz Albert, dem verstorbenen Prinzgemahl der damaligen englischen Königin Victoria, errichtet. Auf der einen Seite des aus hellem Sandstein gebauten **Turms** befindet sich eine Statue von Prinz Albert. Den oberen Teil dominiert eine **reich verzierte Uhr.** Wie viele Gebäude in diesem Teil von Belfast wurde auch die Albert Memorial Clock auf **trockengelegtem Marschland** erbaut. Der Untergrund war aber nicht stabil genug und die Uhr begann, sich mehr und mehr zu neigen, bis sie schließlich mit über einem Meter von der Vertikale abwich. 2002 wurde der Turm renoviert und die Fundamente wurden gestärkt, sodass die Neigung nun gestoppt ist.

› Queen's Square, BT1 3FF

Das Titanic-Viertel (Titanic Quarter) und die Ufer des Lagan

Noch zu Beginn des 19. Jahrhunderts war der Hafen Belfasts wegen der vielen Sandbänke nur eingeschränkt nutzbar, weshalb er vertieft und erweitert wurde. Der so gewonnene Schlamm wurde zu einer künstlichen Insel aufgeschichtet, die zunächst nach dem Ingenieur William Dargan den Namen Dargan's Island trug und 1849, nach dem Besuch der Königin Victoria, in Queen's Island umbenannt wurde. Bis in die 1860er-Jahre war hier ein populärer Vergnügungspark, zu dem man mit einer Fähre gelangte. Außerdem gab es auf der Insel eine kleine Werft, die später von der Schiffbaufirma Harland & Wolff aufgekauft wurde, die nach und nach die gesamte Insel übernahm, den Kanal zwischen der Stadt und der Insel füllte und hier die Seekreuzer der berühmten White Star Line baute, darunter die Titanic. Nach diesem Schiff ist das Viertel benannt. Die Zeiten des Schiffbaus sind vorbei, stattdessen gibt es im neuen Titanic Quarter und entlang des Flusses Lagan mehrere Museen, das Filmstudio, in dem die Fantasy-Serie „Game of Thrones" gedreht wurde (nicht zu besichtigen), moderne Apartmentblocks, Hotels und einige Restaurants.

15 Belfast Barge ★★ [D4]

Direkt am Flussufer liegt die Belfast Barge, ein kleines **Museums- und Restaurantschiff.** Die Ausstellung mit Fotos, zeitgenössischen Ausstellungsstücken und Audio- sowie Videomaterial thematisiert **Belfasts Schifffahrts- und Industriegeschich-**

024bf-fk

te. Das Material stammt größtenteils aus dem Bestand der Werft Harland & Wolff. Als die alten Gebäude geräumt wurden, retteten Bauarbeiter Interessantes aus dem Bauschutt. So fanden sich die Pläne der Titanic und der SS Caroline, eines anderen Liniendampfers.

Der Verband Lagan Legacy, der die Belfast Barge betreibt und eigens zum Zweck der Erhaltung von Belfasts Industriegeschichte gegründet wurde, hat mittlerweile über 5000 Objekte in seinem Besitz. Im Laufe der Zeit wurde außerdem ein Oral-History-Projekt gestartet, bei dem Interviews mit Zeitzeugen gemacht wurden, die man zum Teil im Museum anhören kann. Nach dem Besuch kann man einen Stock höher im Bistro bei moderner irischer Küche einkehren.

› 1 Lanyon Quay, BT1 3LG, Tel. 028 90232555, Eintritt frei (Spende erwünscht), geöffnet: Di.–Sa. 10–16 Uhr

Wasserski-Fahrer in der Nähe von Titanic Belfast 20

16 Statue of Harmony/ Beacon of Hope ★★ [C3]

Das Kunstwerk hat sich in kürzester Zeit zu einem der markantesten Punkte in Belfast entwickelt und ziert mittlerweile zahlreiche Logos und Souvenirs.

Die 19,50 m hohe **Metallstatue einer jungen Frau,** die auf einer Steinkugel balanciert und einen Ring emporhält, wurde 2007 von Andy Scott entworfen. Die Kreation ist auch unter anderen Namen, z. B. „Angel of Harmony" oder „Angel of Thanksgiving", bekannt und soll **Frieden, Harmonie** und **Dankbarkeit** sowie die **Regenerierung Belfasts** symbolisieren. Auf der Steinkugel zu ihren Füßen sind die Namen der Orte eingraviert, in die Belfaster Einwohner emigriert sind oder die Handelsbeziehungen mit der Stadt geführt haben.

Wie auf der Insel oft der Fall, kamen auch für die Statue of Harmony schnell eine Reihe von Spitznamen auf. So wird sie auch „Nuala with the Hula" („Nuala mit dem Hula-Hoop-Reifen", wobei Nuala ein irischer Mädchenname ist), „Doll on the Ball" („Puppe auf dem Ball") oder „Thing

Die Statue of Harmony 16

Der „Big Fish" ist eines der Wahrzeichen Belfasts

with the Ring" („Ding mit dem Ring") genannt.

› Thanksgiving Square, Oxford Street, BT2 7BB

17 Big Fish ★★ [C3]

Obwohl erst 1999 errichtet, ist das 10 m lange Kunstwerk zu einem Wahrzeichen der Stadt geworden. Die **Keramikskulptur** wurde von John Kindness, einem Belfaster, der mittlerweile in London lebt, kreiert. Das Werk soll an die Erneuerung und Sanierung des Flusses Lagan erinnern und steht an der Stelle, wo sich die Mündung des mittlerweile überbauten Flusses Farset befindet. Die **Fischgestalt** der Skulptur spielt auf den **„Salmon of Knowledge"** („Lachs des Wissens"), eine Figur aus der mittelalterlichen irischen Mythologie, an. Die Keramikfliesen an seiner Oberfläche zeigen Texte und Bilder, die mit der Stadt Belfast und Nordirland in Verbindung stehen. Wenn man genauer hinsieht, kann man unter anderem Zeitungsausschnitte, einen Soldaten, aber auch ein typisches nordirisches Frühstück *(Ulster Fry)* sehen.

› Donegall Quay, BT1 3EA

18 Glass of Thrones Trail ★ [D2]

Eine Route, die anlässlich des zehnten Jahrestags des Beginns der Dreharbeiten für die Serie „Game of Thrones" (s. S. 34) angelegt und mit der Ausstrahlung der letzten Staffel eröffnet wurde, führt zu **sechs großen Buntglasfenstern**, die Szenen aus der Serie darstellen. Das erste findet sich hier am Donegall Quay, weitere stehen auf einer Route, die sich bis zu dem ausgemusterten Kriegsschiff HMS Caroline 22 am Alexandra Graving Dock erstreckt.

MEIN TIPP

Sinclair Seamen's Presbyterian Church

Bevor man den Fluss ins Titanic Quarter überquert, ist ein Abstecher in den alten Stadtteil Sailortown und ein Blick auf eine besondere Kirche empfehlenswert.

Unterquert man die Autobahnbrücke, an deren Pfeilern Fotos aus alten Zeiten angebracht sind, stößt man am **Corporation Square** neben dem imposanten Gebäude des **Harbour Commissioner's Office** auf die **Sinclair Seamen's Presbyterian Church.** Die Seefahrerkirche wurde 1857 im venezianischen Stil gebaut, aber ab 1902 nach und nach im maritimen Stil ausgestattet, um der Seefahrtsgeschichte der Stadt und den Matrosen der Gemeinde Tribut zu zollen. Ein Bleiglasfenster mit einem Schiff ist zu sehen und die Kanzel wird von einem Bug geziert. Im Altarraum gibt es ein Ruder und eine Schiffsglocke. Das ehemalige Taufbecken besteht aus einem alten Kompass und die Kästen für die Kollekte haben die Form von Rettungsbooten. Zu den Öffnungszeiten wird die Kirche von Freiwilligen beaufsichtigt, die viel über das Gotteshaus und seine Geschichte erzählen können.

★1 [C2] **Sinclair Seamen's Presbyterian Church,** Corporation Square, BT1 3AJ, Tel. 028 90801240, Eintritt: frei, geöffnet: März–Dez. Mi. 14–16.30 Uhr

Sie zeigen Motive der Familien Stark, Baratheon, Targaryen und Lannister, der Weißen Wanderer sowie den Eisernen Thron.

Die Strecke entlang den Glasfenstern bietet eine gute Möglichkeit, aus dem Zentrum ins Titanic Quarter (s. S. 30) zu gelangen. Die einzelnen Standorte und eine Karte der Tour finden sich unter https://visitbelfast.com/article/glass-of-thrones-trail-map.

19 SS Nomadic ★★★ [E1]

Auf diesem ehemaligen Tenderschiff der Titanic kann man das Flair und den Luxus der Passagierschifffahrt des beginnenden 20. Jh. erleben.

1911 zeitgleich mit der Titanic in Belfast gebaut, diente die SS Nomadic zuerst in Cherbourg als **Zubringer-** oder **Tenderschiff** der RMS Titanic (später für andere Passagierschiffe) und brachte Reisende an Bord. Bereits in diesem Teil der Reise waren die Passagiere in verschiedene Klassen unterteilt und die wohlhabenderen Damen und Herren der ersten Klasse konnten es sich an der Bar und in den stilvollen Aufenthaltsräumen gut gehen lassen. In späteren Jahren wurde das Schiff u.a. als **Minenräumer** und später in Paris als **Restaurantschiff** und **Nachtclub** eingesetzt, bis es seinen Weg zurück nach Belfast fand und dort originalgetreu restauriert wurde. Bei einer **Führung** und durch **interaktive Ausstellungsstücke** kommen Besucher jeden Alters auf ihre Kosten, z. B. kann man alte Kostüme aus der Zeit anprobieren.

› Queens Road, Hamilton Dock, Glider G2 ab „May Street City Hall" bis „Titanic, Queens Road", Bus Nr. 94a/b ab „Wellington Place" bis „Titanic, Queens Road", Tel. 028 90766386, www.titanicbelfast.com/explore/ss-nomadic, Eintritt: Erwachsene 10 £, Kinder 5 £. Die Eintrittskarte für Titanic Belfast 20 schließt den Besuch der SS Nomadic mit ein, geöffnet: Jan.–März tgl. 11–16, April, Mai, Sept., Okt. tgl. 10–17.30, Jun.–Aug. tgl. 10–18.30, Nov., Dez. tgl. 11–16.30 Uhr. Letzter Einlass 30 Minuten vor Schließung.

Game of Thrones – made in Belfast

Die Fantasy-Fernsehserie „Game of Thrones" ist die erfolgreichste Produktion in der Geschichte der populären amerikanischen Senderkette HBO und brach weltweit Zuschauerrekorde. Gefilmt wurde u. a. in den Titanic Studios in Belfast, die sich hinter dem Museum Titanic Belfast 20 in der Paint Hall befinden, in der früher Schiffsteile angestrichen wurden. Die Regierungsbehörde Northern Ireland Screen unterstützte die Dreharbeiten mit einem Zuschuss von 14 Mio. Pfund. Da HBO 146 Mio. Pfund in Nordirland ausgab, hat sich diese Investition mehr als gelohnt.

Die Fernsehserie basiert auf der noch unvollendeten Romanreihe „Das Lied von Eis und Feuer" (Original: „A Song of Ice and Fire") des amerikanischen Autors George R. R. Martin. Die Handlung spielt auf dem fiktiven Kontinent Westeros und die in den Romanen und in der Fernsehserie dargestellte Welt erinnert stark an das europäische Mittelalter. Es gibt zwar einige wunderliche Kreaturen – Riesen, Drachen, die unheimlichen weißen Wanderer – aber diese treten nur sehr sporadisch auf, meist sind die menschlichen Akteure unter sich. Anders als im Genre sonst üblich, gibt es keine klare Unterscheidung zwischen Gut und Böse, die Charaktere sind moralisch ambivalent. Martins Bücher ähneln eher historischen Romanen – als wichtigen Einfluss auf sein Werk nannte er in der Tat neben Tolkiens „Herr der Ringe" die siebenbändige Reihe „Die unseligen Könige" des französischen Autors Maurice Druon. Darin geht es um den Hundertjährigen Krieg zwischen Frankreich und England im Spätmittelalter.

Viele Fans der Serie kommen nach Nordirland und Belfast, wo man Motiven der Serie, z. B. auf dem Glass-of-Thrones-Trail (s. S. 32), begegnet.

Die Studios im Belfaster Titanic Quarter (s. S. 30), in dem die Serie z. T. gedreht worden ist, sind nicht zu besichtigen, wohl aber verschiedene nordirische Drehorte, die die Dörfer und Landschaften von Westeros darstellen. Etwa eine Stunde ist man mit dem Auto nach **Castle Ward** unterwegs, das vielen eher als Winterfell, Sitz des Hauses Stark, bekannt sein dürfte. Gedreht wurde auf dem historischen Bauernhof dieses Herrenhauses aus dem 18. Jh. Vor der Kulisse der nahe gelegenen normannischen Burg Audley's Castle wurde in der zweiten Serienstaffel das Lager Robb Starks aufgebaut.

Zahlreiche Anbieter organisieren Bustouren zu den nördlich von Belfast gelegenen Drehorten – meist wird dann auch ein Abstecher zum Giant's Causeway 43 ins Programm integriert – und zu denen in südlicher Richtung. Im etwa 40 Minuten von Belfast entfernten Ort Banbridge, wo in den Linen Mill Studios einige Innenaufnahmen entstanden, kann man an Studiotouren teilnehmen, bei denen Kostüme, Bühnenbilder und Requisiten zu sehen sind und ein Eindruck von Spezialeffekten und Maskenbildnerei vermittelt wird.

★**2** [A4] **Brit Movie Tours,** 10 Great Victoria Street, BT2 7BA (Citysightseeing Belfast Tour Shop), Tel. 0844 2471007, https://britmovietours.com/bookings/game-of-thrones-tours. Drei Touren: nördliche Drehorte und Giant's Causeway (46 £), Game of Thrones Studio Tour (39–55 £) sowie eine geführte Fahrradtour in Castle Ward (23,50–38 £).

★**3** **Castle Ward,** Strangford, Downpatrick, County Down, BT30 7LS, Tel.

028 44881204, www.nationaltrust.org.uk/castle-ward, geöffnet: Herrenhaus Mitte März–Ende Okt. tgl. 11–16 Uhr (im Sommer Sa. bis 17 Uhr), Eintritt: Erwachsene 12 £, Kinder 6 £, Familien 30 £

★4 [A4] **Citytours Belfast,** 10 Great Victoria Street, BT2 7BA (Treffpunkt, Haltestelle vor dem Subway-Restaurant), Tel. 028 90321912, https://citytoursbelfast.com/game-of-thrones-tour-from-belfast, Preis: Erwachsene 32,50 £, Kinder (unter 13 J.) 22,50 £. Die „Game of Thrones Tour From Belfast" ist eine Bustour zu den Drehorten nördlich von Belfast.

★5 **Game of Thrones Studio Tour,** The Boulevard, Banbridge, BT32 4L (Parkplatz, von dort per Shuttlebus), Tel. 028 40464777, www.gameofthronesstudiotour.com, geöffnet: tgl. 10–18.30 Uhr, letzter Einlass 15 Uhr, Eintritt: Erwachsene (ab 16 J.) 39,50 £, ermäßigt 31,50 £, Jugendliche (13–16 J.) 15,50 £, Kinder (bis 12 J.) frei, Familien 90 £. Gelegentlich Aktionen mit 25 % Rabatt. Die Tickets sind zeitgebunden und müssen vorab online gekauft werden. Es gibt Pakete, die die Hin- und Rückfahrt nach Belfast einschließen.

★6 [A4] **Game of Thrones Tours,** Great Victoria Street, BT1 6DY (Treffpunkt: Leonardo Hotel), Tel. 028 95680023, www.gameofthronestours.com, Preis: 45–50 £. Belfast Iron Islands & Stormlands Adventure (Norden) und Belfast Winterfell Locations Trek (Süden). Außerdem tgl. Führungen im Tollymore Forest Park (Bryansford Road, Newcastle, Co Down, BT33 0PR) und Glass-of-Thrones-Tour für Gruppen.

20 Titanic Belfast ★★★ [E1]

Das silbrig schimmernde Gebäude wurde 2012 pünktlich zum hundertsten Jahrestag des Untergangs der Titanic eröffnet.

Hier, an dem Ort, an dem die Titanic 1912 fertiggestellt wurde, erfährt man in den neun Ausstellungen der **Titanic Belfast Experience** etwas über die Geschichte des **berühmten Passagierschiffs.** Man folgt Reisegästen auf ihrer Fahrt, kann erleben, wie es in den verschiedenen Klassen auf dem Dampfer zuging, aber man erfährt auch etwas über die Industrie- und Schiffbaugeschichte in Belfast und macht eine (langsame) Achterbahnfahrt durch das nachgestellte Baugerüst der Titanic. Man ist eingeladen, die Jungfernfahrt der Titanic bis zu dem Unglücksmoment, als sie den Eisberg rammte, zu verfolgen und wird über die Folgen und das Nachspiel des Unfalls informiert. Schließlich taucht man virtuell knapp 4000 m tief auf den Boden des Ozeans und kann das 1985 gefundene Wrack des Schiffs bestaunen. Man kann leicht mehrere Stunden hier verbringen.

Hinter dem Gebäude kann man nach dem Museumsbesuch die **Titanic and Olympic Slipways,** die ehemaligen Gleitrampen, auf denen die beiden Schwesterschiffe zu Wasser gelassen wurden, besichtigen.

Zusätzlich zu den Museumsausstellungen ist die **Discovery Tour**, ein geführter Rundgang (etwa 1 Std.), zu empfehlen, der teilweise im Titanic-Gebäude stattfindet, aber auch durch die Außenanlagen führt (gutes Schuhwerk und wetterfeste Kleidung sind angeraten). Außerdem geht es zu den ehemaligen Gleitrampen der Schiffe. Während der Führung (auf

Englisch) taucht man tiefer in die Geschichte um den Bau der Titanic ein und wirft einen Blick in das Titanic Hotel (s. S. 129), das in den restaurierten Gebäuden des ehemaligen Hauptquartiers von Harland & Wolff untergebracht ist. Es geht aber auch um den Museumsbau und um die Bedeutung, die der Titanic-Tourismus heute für Nordirland hat.

› 1 Olympic Way, Queens Road, BT3 9EP, Glider G2 ab „May Street City Hall" bis „Titanic, Queens Road", Bus Nr. 94a/b ab „Wellington Place" bis „Titanic, Queens Road", Tel. 028 90766386, www.titanicbelfast.com, Eintritt **Titanic Experience** (mit SS Nomadic 19): Erwachsene 24,95 £, Kinder (5–15 J.) 11 £, ermäßigt (nur Mo.–Fr.) 19 £, Familien 62 £; **Titanic Belfast Discovery Tour:** Erwachsene 15 £, Kinder (5–15 J.) 10 £, Audioguides (auch auf Deutsch) 3 £; **White Star Premium Pass** (Titanic Experience, Discovery Tour und mehr): Erwachsene 51,50 £, Kinder (5–15 J.) 28,50 £, geöffnet: Titanic Experience Nov.–Mär. tgl. 10–17, Apr., Mai, Sept., Okt. tgl. 9–18, Jun.–Aug. tgl. 9–19 Uhr, letzter regulärer Einlass 1:40 Std. vor Schließung (man kann sich danach aber noch für einen deutlich niedrigeren Preis einen Teil der Ausstellung ansehen). **Vorbuchen** für alle Eintrittskarten (außer Späteintritt) ist **unbedingt erforderlich.**

21 Samson & Goliath ★★★ [eg]

Als die wahrscheinlich bekanntesten Wahrzeichen der Stadt ragen die beiden markanten Portalkräne der Schiffbaufirma Harland & Wolff mit 106 m bzw. 96 m in den Himmel.

Die Werft wurde 1862 gegründet und war von 1900 bis 1930 der größte Arbeitgeber der Stadt. Da der Bedarf an Liniendampfern enorm war, beschäftigte **Harland & Wolff** Tausende von Arbeitern. Zu dieser Zeit war Belfast weltweit führend, was den Schiffbau anging, besaß das weltgrößte Trockendock und fertigte für die White Star Line über 70 Schiffe.

Mein Tipp

Mehr Titanic gefällig?

Wer sich nach dem Besuch von Titanic Belfast noch weiter mit dem Schiff und seiner Geschichte beschäftigen möchte, dem sei die Dauerausstellung TITANICa im **Ulster Folk and Transport Museum** 42 empfohlen. Die Präsentation enthält, anders als Titanic Belfast, zahlreiche Objekte vom Wrack der Titanic, vom Schwesterschiff Olympic und aus den Beständen der White Star Line. Daneben gibt es die Originalbaupläne der Titanic und zahlreiche große Modelle, u. a. von der Titanic während des Sinkens, zu sehen.

027bf-fk

Die beiden **Kräne** wurden allerdings erst 1969 bzw. 1974 von der Firma Krupp gebaut, als die Industrie schon kränkelte und von der Regierung subventioniert werden musste. Die Belfaster gaben den damals höchsten freistehenden Kränen der Welt, die bald nicht mehr aus dem Stadtbild Belfasts wegzudenken waren, die biblischen Namen **Samson** und **Goliath.**

Übrigens wurde das letzte Schiff in Belfast 2003 gebaut. Heute werden in den Werftanlagen noch Schiffe repariert und restauriert, Harland & Wolff konzentriert sich aber in den letzten Jahren auch auf erneuerbare Energien und baut Windkraftanlagen und Wasserturbinen. Besucher können leider nicht unmittelbar an die Kräne heran, vom Gelände der Titanic-Museen, vor allem von den ehemaligen Gleitrampen oder gleich dahinter von der Queens Road aus, hat man aber einen guten Blick auf die beiden Ungetüme.

› Queens Road, BT3 9EP, Glider G2 ab „May Street City Hall" bis „Titanic, Queens Road", Bus Nr. 94a/b ab „Wellington Place" bis „Titanic, Queens Road"

22 HMS Caroline ★★ [eg]

Dieser leichte Kreuzer ist das letzte **Kriegsschiff**, das noch von der Skagerrakschlacht vor Jütland zwischen der deutschen Hochseeflotte und der Royal Navy im Jahre 1916 erhalten geblieben ist. Bis zu ihrer Ausmusterung 2011 diente die HMS Caroline als Trainingsschiff für das Reservecorps der britischen Marine und war damit weltweit das zweitälteste Kriegsschiff im Dienst. Zum 100. Jubiläum der Schlacht am 1. Juni 2016 wurde der Kreuzer als **Museumsschiff** eröffnet. Versehen mit Audioguides, die es auch auf Deutsch gibt, erfährt man hier vieles über die berühmte Seeschlacht und das Leben der Matrosen an Bord.

› Alexandra Graving Dock, Queens Road, BT3 9DT, Tel. 028 90454484, www.nmrn.org.uk/visit-us/hms-caroline, Okt.–Mai Mi.–So. 10–17, Jun.–Sept. tgl. 10–17 Uhr, letzter Einlass 16 Uhr, Erw. 11 £, erm. 10 £, Kinder (bis 15 J.) 9 £, Familien 22/26 £, bei Onlinebuchung billiger

23 Titanic Distillers at Thompson Dock & Pump House ★★ [eg]

Diese **Whiskey-Destillerie** befindet sich in den Räumen des ehemaligen Pumpenhauses für das danebenliegende **Trockendock**, in dem 1911/1912 der **Rumpf der Titanic** gebaut wurde. Heute kann man **verschiedene Touren** durch die Destillerie, aber auch durch das alte Pumpenhaus und das historische Trockendock buchen.

› Queens Road, BT3 9DT, Glider G2 ab „May Street City Hall" bis „Catalyst Inc, Queens Road", Bus Nr. 94a/b ab „Wellington Place" bis „Catalyst Inc, Queens Road", Tel. 028 90992992, www.titanicdistillers.com, geöffnet: tgl. 10–17 Uhr (letzte Tour um 17 Uhr), Führungen: **Signature Tour** (Destillerie und historisches Pumpenhaus, mit Whiskeyverkostung) Erwachsene 25 £, ermäßigt 20 £, Kinder (ab 5 J.) 12,50 £, Familien 62,50 £; **Dock Tour** (Trockendock, draußen) 10 £, unter 5 J. frei. Die Führungen können auch kombiniert werden.

Das markante Gebäude von Titanic Belfast mit der SS Nomadic 19

Belfast und die Titanic

Der Rumpf der Titanic wurde 1911 an der Stelle fertiggestellt, wo sich heute das Museum Titanic Belfast (20) befindet, und dann im Titanic Dock (23) ausgestattet. Sie bildete zusammen mit den Schiffen Britannic und Olympic die Baureihe der Olympic Class. Zu dieser Zeit war sie das größte jemals von Menschen erbaute bewegliche Objekt. Allerdings war sie kleiner als viele Schiffe, die heutzutage den Belfaster Hafen ansteuern. Die 1861 gegründete Werft Harland & Wolff war die größte der Welt und hatte eine vorteilhafte informelle Partnerschaft mit der Liverpooler Reederei White Star Line, für die sie seit 1870 exklusiv alle Schiffe baute. Der Schiffbau hatte sich zur wichtigsten Industrie der Stadt entwickelt und Belfast fest ins Geflecht britischer Industriestädte eingebunden. Die meisten Werftarbeiter stammten aus Ost-Belfast, wo heute einige Wandgemälde an das Schiff erinnern. Katholiken blieben unter den Arbeitern die Ausnahme. Die Werften Belfasts waren nicht nur im Besitz von Protestanten, sondern rekrutierten auch ihre Arbeiter größtenteils aus dieser Bevölkerungsgruppe. Die Arbeitsbedingungen waren hart und die Sicherheitsmaßnahmen unzureichend: 246 Verletzungen wurden beim Bau der Titanic dokumentiert, 28 von ihnen waren schwer. Sechs Arbeiter starben bei Arbeiten auf dem Schiff, zwei bei Arbeiten in Werkstätten und Lagerhallen und ein weiterer Werftarbeiter kam kurz vor der Einweihung des Schiffs am 31. Mai 1911 ums Leben, als ein Stück Holz auf ihn fiel.

Das Schiff war auch deshalb eine Sensation, weil es für Passagiere der ersten Klasse jeden erdenklichen Luxus bot. Selbst die dritte Klasse, in der vor allem Auswanderer ohne Rückfahrkarte reisten, war wesentlich komfortabler als die Schlafsäle anderer Liniendampfer der Zeit. Ein Reporter der Zeitung „Belfast Newsletter" schrieb staunend: „[D]ie Dekorationen und die Ausstattung sind von beispielloser Pracht und wenn man in den geräumigen Salons oder Luxuskabinen steht, ist es schwer, sich bewusst zu machen, dass man an Bord eines Schiffes ist und nicht in einem großen modernen Hotel".

Am 4. April 1912 brach die in Liverpool registrierte Titanic von Belfast zu ihrem offiziellen Abfahrtshafen im südenglischen Southampton auf, wo die restliche Mannschaft und die ersten Passagiere an Bord gingen. Ihre Jungfernfahrt begann die Titanic am 10. April und sie legte zunächst im französischen Cherbourg an, wo Passagiere vom Kontinent aufgenommen wurden. Tenderschiffe brachten diese an Bord, u. a. die zeitgleich zur Titanic in Belfast gebaute und heute hier zu besichtigende SS Nomadic (19). Weiter ging es nach Queenstown (heutiger Name Cobh) bei Cork an der Südküste Irlands, wo die letzten Passagiere hinzukamen. Dann begann die Überfahrt über den Atlantik.

Nach vier Tagen, als die Titanic etwa 2500 km zurückgelegt hatte, sichtete der Beobachtungsposten Frederick Fleet um 23.40 Uhr einen Eisberg. Das Ausweichmanöver kam zu spät und der Eisberg beschädigte den Bug. Die Besatzung und Passagiere waren, wie man bei der späteren britischen Untersuchung herausfand, für Notfälle nicht vorbereitet. Es gab nicht genügend Rettungsboote, aber die, die vorhanden waren, wurden mangels vorheriger Schulung der Mannschaft meist nur

030bf

zur Hälfte gefüllt. Die Passagiere der dritten Klasse blieben weitgehend sich selbst überlassen: Nur 27 der 79 Kinder, die in der dritten Klasse fuhren, wurden gerettet, wohl aber alle Kinder von Passagieren in den anderen beiden Klassen. Um 2.20 Uhr beschleunigte sich der Sinkprozess rapide: Die meisten Menschen, die im kalten Meerwasser (–2 C°) landeten, starben nach 15 bis 30 Minuten an Herzstillstand. Nur 13 Passagiere konnten aus dem Wasser in Rettungsboote aufgenommen werden, obwohl es noch Platz für 500 Menschen gegeben hätte. 710 Passagiere und Besatzungsmitglieder überlebten, während 1500 ums Leben kamen. Das Schiff Carpathia eilte zur Hilfe und brachte die Überlebenden nach New York.

Die Titanic bei der Ausstattung

In Belfast wurde, wie in anderen Städten, die Opfer zu beklagen hatten, 1920 ein Denkmal für jene Bürger der Stadt, die bei dem Schiffsuntergang gestorben waren, errichtet. Es steht seit 1959 auf dem Gelände der City Hall (1). Ansonsten verdrängten die Belfaster die Erinnerung an die Titanic. Zu sehr kratzte der Untergang am unionistischen Selbstbild, ein wesentlicher Bestandteil der britischen Industrienation zu sein, während sich Nationalisten nie mit diesem protestantisch dominierten Wirtschaftszweig identifiziert hatten. Die Firma Harland & Wolff hatte zudem wenig Interesse an der Musealisierung der Geschichte ihres bekanntesten Schiffs. Die Krangerüste, in denen die Titanic während ihrer Konstruktion stand, wurden in den 1970er-Jahren abgebaut und die meisten Gleitbahnen mit Schlick gefüllt. Das Werftgelände entwickelte sich zu industriellem Ödland, nicht zuletzt, weil Belfast während des Nordirlandkonflikts andere Sorgen hatte, als sich an sein industrielles Erbe zu erinnern.

Die Geschichte des dem Untergang geweihten Schiffs hörte aber nie auf, Menschen in aller Welt zu faszinieren. Mehrere Filme entstanden: Die akkurateste Verfilmung der Titanic-Geschichte ist die britische Produktion „Die letzte Nacht der Titanic“ (Originaltitel: „A Night to Remember“) von 1958. Neues Interesse für das Schiff wurde 1985 geweckt, als der Unterwasserarchäologe Robert Ballard das Wrack 3803 m unter dem Meeresspiegel fand. Nichts aber trug so zur Bekanntheit der Titanic-Geschichte bei wie James Camerons Film „Titanic“ aus dem Jahr 1997. Als der Film in den Kinos zu sehen war, liefen die nordirischen Friedensverhandlungen auf Hochtouren und Belfast suchte nach neuen, konfessionsübergreifenden Elementen für eine städtische Identität, zumal auch mehr und mehr Touristen kamen. So entstand die Idee, dem ehemaligen verwahrlosten Werftgelände von Harland & Wolff, das grundlegend saniert und zu einem modernen und attraktiven Hafenviertel ausgebaut wurde, den Namen Titanic Quarter zu geben. Die noch bestehende Infrastruktur der Konstruktion der Titanic wurde bewahrt und das ehemalige Hauptquartier und Planungsbüro von Harland & Wolff, wo die Titanic am Zeichentisch entstand, 2002 unter Denkmalschutz gestellt. Seit 2017 befindet sich darin das Titanic Hotel (s. S. 129), das für Nicht-Gäste zugänglich ist. Das Herz des Viertels ist aber Titanic Belfast (20), ein modernes, dem Schiff gewidmetes, multimediales Museum, das am 31. März 2012 vom damaligen unionistischen Regierungschef Nordirlands Peter Robinson und seinem republikanischen Stellvertreter Martin McGuinness eröffnet wurde, rechtzeitig zum hundertsten Jahrestag des Untergangs am 15. April. Auch im Ulster Transport Museum (42) gibt es eine Dauerausstellung zur Geschichte der Titanic, die Artefakte beinhaltet, die vom Wrack geborgen wurden.

Heute ist die Titanic ein fester Bestandteil der Identität Belfasts. Vorbei ist die Zeit, als man sich des Schiffs schämte – auf einem T-Shirt, das eine Zeit lang verkauft wurde, hieß es: „She was alright when she left here“ („Sie war in Ordnung, als sie von hier abgefahren ist“). In den ersten zehn Jahren seit der Eröffnung haben über sechs Millionen Menschen aus mehr als 145 Ländern die Ausstellung besucht und man kann sich die Attraktion nicht mehr aus der Stadt wegdenken.

Die Titanic kurz vor dem Stapellauf

033bf-kw

Das Universitätsviertel (Queen's Quarter)

Der Süden der Stadt wird von der Queen's University dominiert, nach der dieses Kulturviertel (s. S. 96) auch benannt ist. Hier wohnen traditionellerweise die wohlhabenden Belfaster und viele Studierende. Früher waren die Bewohner mehrheitlich Protestanten, mittlerweile halten sich beide Bevölkerungsgruppen die Waage. Eine konfessionelle Segregation gibt es nicht, sieht man einmal von den loyalistischen Enklaven um Sandy Row und Donegall Pass ab, wo man auch einige der für Nordirland typischen Wandgemälde findet (s. S. 54). Die Hauptverkehrsader zwischen der Innenstadt und dem Univiertel wurde noch bis vor Kurzem wegen der vielen Restaurants, Pubs und Nachtclubs als „Golden Mile" bezeichnet. Seit dem Friedensprozess und der Regenerierung Belfasts hat diese Vergnügungsmeile an Exklusivität verloren und ist etwas heruntergekommen. Die Lisburn Road, in der viele Studierende und auch Immigranten aus aller Welt leben, hat sich hingegen zu einer wichtigen Einkaufsstraße mit vielen guten Restaurants gemausert.

Die wohl teuerste Straße Nordirlands ist die Malone Road mit ihren prächtigen viktorianischen Stadthäusern. In der Botanic Avenue sitzen wie eh und je Studierende mit ihrem Lernstoff in Cafés.

24 Queen's University ★★★ [A7]

Als eine der Top-Universitäten des Vereinigten Königreichs genießt die Universität weltweit einen herausragenden Ruf.

⌃ *Der imposante Haupteingang der Queen's University*

Im Jahr 1845 von Königin Victoria als Queen's College gegründet, wurde die Lehreinrichtung 1908 zur eigenständigen Universität. Heute sind hier **mehr als 23.000 Studierende** eingeschrieben, die Einrichtung beschäftigt etwa 3700 Angestellte und ist damit einer der größten Arbeitgeber der Stadt.

Besucher stoßen zuerst auf den imposanten, reich verzierten Backsteinbau des **Hauptgebäudes**, der wie viele andere bedeutende Bauten des 19. Jahrhunderts vom Architekten Charles Lanyon im neugotischen Stil entworfen wurde.

Tritt man durch den Haupteingang ein, befinden sich links eine Touristeninformation und ein kleiner Geschenkartikelladen. Hier kann man auch eine **Broschüre für einen Rundgang** durch die Universität bekommen („The Campus Walkabout Guide", auch auf der Website des Queen's Welcome Centre zum Herunterladen erhältlich: www.qub.ac.uk/home/welcome-centre/Filestore/Filetoupload,782806,en.pdf).

Geradeaus kommt man in den Innenhof, der mit seiner friedlichen Atmosphäre zum Verweilen einlädt. Auf dem Rundgang durch die Universität sollte man auch einen Blick in die **Naughton Gallery** werfen, die wechselnde Kunstausstellungen bietet. Auf dem Campus, der über 300 teilweise unter Denkmalschutz stehende Gebäude umfasst, gibt es außerdem verschiedene Cafés und einen Buchladen.

› University Road, BT7 1NN, Busse Nr. 8a/8b/8c/8d ab Donegall Square East bis Haltestelle „Queen's University", Tel. 028 90975252 (Welcome Centre), www.qub.ac.uk/home/welcome-centre, Eintritt: frei. Das Welcome Centre ist Mo.–Fr. 8–17 Uhr geöffnet.

25 Botanic Gardens ★★ [A8]

Der Botanische Garten der Stadt ist bei den Bewohnern Belfasts sehr beliebt und bietet für jeden etwas. Morgens nehmen viele auf dem Weg zur Arbeit eine Abkürzung durch den Park, zur Mittagszeit kann man an schönen Tagen sein Essen auf einer der vielen Bänke genießen, Studierende nehmen ihren Lesestoff mit und an Wochenenden sind viele Familien auf einem Bummel unterwegs und machen am Spielplatz halt.

Gegründet wurde der über 100.000 m² große Garten 1828 von der **Belfast Botanic and Horticultural Society** (Belfaster Gesellschaft für Botanik und Gartenbau), um dem enormen Interesse an Botanik, das zu dieser Zeit herrschte, entgegenzukommen. Zuerst war das Gelände nicht für die Öffentlichkeit zugänglich, aber 1895 wurde es wegen finanzieller Schwierigkeiten an die Belfaster Stadtverwaltung verkauft und zum öffentlichen Park.

Eine besondere Attraktion ist immer noch das historische **Palmenhaus**, das wie Teile der Universität, die Linen Hall Library 2 und das Gefängnis in der Crumlin Road 40 vom Architekten Charles Lanyon entworfen wurde. Das elegante Gewächs-

MEIN TIPP

Picknick im Botanischen Garten

In der Nähe des Botanischen Gartens 25, vor allem gegenüber dem Eingang an der Stranmillis Road, befinden sich eine ganze Reihe kleiner Cafés und Bistros. Viele davon bieten Essen zum Mitnehmen oder teilweise sogar ganze Picknickpakete an. Bei schönem Wetter sollte man sich diese Gelegenheit nicht entgehen lassen und eine gemütliche Mittagspause im Park einlegen.

haus hat einen tropischen Flügel und einen für gemäßigteres Klima, wo man sich besonders die Orchideen und den duftenden Rhododendron (Rhododendron fragrantissimum) nicht entgehen lassen sollte. Die älteste Pflanze in der Kuppel des Tropenhauses ist der australische Grasbaum (Xanthorrhoea preissii), der über 400 Jahre alt ist.

Im Botanischen Garten befindet sich außerdem in einem viktorianischen Backsteinbau die **Tropical Ravine** (Tropenschlucht). Man kann von oben auf die Pflanzen hinabschauen oder sich mitten in das grüne Dickicht begeben.

› Eingang College Park East, BT7 1LP, Busse Nr. 8a/8b/8c/8d ab Donegall Square East bis Haltestelle „Queen's University", Eingang Ecke Stranmillis Road/University Road, BT9 5AB, www.belfastcity.gov.uk/things-to-do/parks-and-open-spaces/a-z-parks/botanic-gardens, Eintritt: frei, geöffnet: tgl. ab 7.30 Uhr bis Dämmerung, Palmenhaus tgl. 10-16 Uhr, Tropical Ravine tgl. 10–15.30 Uhr

26 Ulster Museum ★★★ [A8]

In diesem Museum kann man von einer ägyptischen Mumie über einen Dinosaurier und einen riesigen irischen Wolfshund bis zur modernen Kunst allem begegnen.

Die Ausstellung ist unterteilt in eine Kunstsammlung, einen naturhistorischen und einen geschichtlichen Teil, die jeweils ungefähr ein Stockwerk des Museums einnehmen. Der **Geschichtsbereich**, der im Erdgeschoss anfängt und dann im ersten Stock weitergeht, beschäftigt sich vor allem mit der Geschichte Irlands mit Schwerpunkt auf dem nördlichen Teil der Insel ab dem Jahr 1600. Sehr sehenswert ist die Ausstellung über den Nordirlandkonflikt der jüngeren Vergangenheit. Es gibt auch Exponate zu Weltkulturen und Archäologie. Der **Naturbereich** nimmt den größten Teil der zweiten Etage ein. Hier ist vor allem die Fossiliensammlung

034bf-fk

Statue im Palmenhaus der Botanic Gardens

mit den Dinosaurierskeletten interessant. Der Rest des Museums widmet sich dem **Kunstbereich,** mit einer Sammlung, die nicht nur Gemälde und Skulpturen, sondern auch Glas, Porzellan und Keramik sowie Textilien, Schmuck, Mode, Möbel und Spielzeug umfasst.

Besonders für Familien interessant sind die jeder Abteilung zugeordneten **Discovery Centres** (geöffnet: 10–17 Uhr), in denen Kunst, Natur und Geschichte zum Anfassen und Ausprobieren präsentiert werden. Sie sind auch für Kinder ohne englische Sprachkenntnisse gut geeignet, da man gleich losmalen, anfassen und Ungewöhnliches bestaunen kann.

Zusätzlich zur ständigen Ausstellung gibt es kostenpflichtige, wechselnde **Sonderausstellungen.**

› Botanic Gardens, BT9 5AB, Busse Nr. 8a/8b/8c/8d ab Donegall Square East bis Haltestelle „Queen's University", Tel. 028 9044000, www.ulstermuseum.org, Eintritt: frei (außer Sonderausstellungen), geöffnet: Di.–Do., Sa., So. 10–17 Uhr

Sandy Row – eine loyalistische Enklave im Wandel der Zeit

Die Straße Sandy Row [A5–6] und deren Seitenstraßen bilden ein kleines protestantisches Arbeiterviertel, in dem die ehemaligen paramilitärischen Gruppen traditionell eine starke Präsenz haben. In den letzten Jahren hat sich hier allerdings einiges getan: Die letzten noch verbliebenen Wandgemälde (s. S. 54) mit maskierten Schützen in paramilitärischen Uniformen blättern ab, stattdessen gibt es nun Motive, die die Belfaster Fußball-Legende George Best zeigen, den Belfaster Verein Linfield Football Club feiern oder die nordirische Fußballnationalmannschaft anpreisen.

Das wohl berüchtigtste Wandgemälde befand sich bis 2012 an der Ecke von Sandy Row und Linfield Gardens: Es stellte einen maskierten Mann im Tarnanzug mit Maschinengewehr im Anschlag dar und hatte den Text: „Sie betreten jetzt das loyalistische Sandy-Row-Viertel, die Hochburg der Süd-Belfaster Freiheitskämpfer von Ulster." Vom populären Days Hotel Belfast (heute Holiday Inn Belfast City Centre, s. S. 128) war das Wandgemälde gut zu sehen und deshalb vielen ein Dorn im Auge. Nach langen Verhandlungen, in denen argumentiert wurde, dass das Gemälde Investoren aus Sandy Row fernhält, wählten die Anwohner ein traditionelles Motiv: König William of Orange, dessen Sieg über seinen katholischen Schwiegervater James II. eine wichtige Rolle in der Mythologie des auf der Sandy Row starken Oranier-Ordens (s. S. 60) spielt. Einem neueren Trend folgend, ist das neue Bild nicht mehr aufgemalt, sondern besteht aus an der Wand befestigten Platten. Ein erklärendes Schild enthält noch ein Foto des vorherigen Gemäldes.

Vor dem Wandbild befindet sich eine Skulptur, die eine junge Frau mit Handtasche darstellt. Sie trägt den Namen „Mother Daughter Sister" und würdigt, so dessen Schöpfer Ross Wilson, „die dynamische Kultur und Identität der Frauen aus Sandy Row und den Beitrag, den Generationen von Frauen sowohl in der Familie als auch am Arbeitsplatz für dieses Viertel geleistet haben". Übrigens werden nun im Viertel auch Führungen von Anwohnern angeboten (s. S. 126).

West-Belfast

Der arme Westen Belfasts war neben der Bogside in Derry der Ort, in dem der Nordirlandkonflikt in den späten 1960er-Jahren seinen Anfang nahm. Hier wurde die IRA, die ihre Wurzeln im frühen 20. Jh. hatte, erneut zu einer aktiven Untergrundarmee. Ende der 1960er- und zu Beginn der 1970er-Jahre kam es immer wieder zu Krawallen zwischen Katholiken und Protestanten, bei denen ganze Straßenzüge niederbrannten, was zur Errichtung sogenannter Friedensmauern („peace lines") zwischen katholischen und protestantischen Vierteln führte. Weil hier eine Hochburg paramilitärischer Aktivität und konfessioneller Unruhen war, wurde der Westen absichtlich durch die autobahnähnliche A12 von der Innenstadt abgeschnitten. Heutzutage liegt West-Belfast trotzdem – oder gerade deshalb – auf der touristischen Landkarte und ist für Besucher sicher. Durch einige Tore in der Friedensmauer kann man tagsüber die konfessionelle Grenze überqueren.

Am besten läuft man von der Innenstadt hierher. Wenn man eine Sehenswürdigkeit direkt anfahren möchte, kann man entweder ein schwarzes Taxi nehmen (s. S. 125) oder mit den Bussen Nr. 10a/10b/10f/10g/10h/10j (ab Queen Street) oder dem Glider G1 ab College Square East die Falls Road bzw. mit den Bussen 11a, 11b, 11c und 11b (ab Chichester Street) die Shankill Road entlangfahren.

27 International Wall und Friedensmauer an der Andrews Mill ★★★ [ch]

Der unscheinbare, von Mauern und Zäunen umgebene Industriekomplex in der oberen Divis Street ist die Andrews Mill, eine Mühle, die 1870 ihren Betrieb aufnahm.

Dieser traditionsreiche Arbeitgeber befindet sich an der Friedensmauer und stellt nach wie vor diverse Mehlsorten her. Tagsüber kann man von der katholischen auf die protestantische Seite wechseln. Die komplette Umrundung von „Andrews Mill" scheitert aber an einem dauerhaft verschlossenen Tor an der unteren Percy Street.

Auf den der Divis Street und der Northumberland Street zugewandten Mauern der Andrews Mill, die als **In-**

☑ *Wandgemälde an der International Wall* 27

035bf-fk

ternational Wall bekannt sind, befinden sich zahlreiche **politische Wandgemälde.** Viele erklären Solidarität mit nationalistischen Bewegungen wie der baskischen ETA, der kurdischen PKK oder dem palästinensischen Widerstand gegen Israel. Andere stellen aus republikanischer Sicht Ereignisse aus Nordirlands jüngerer Geschichte dar.

Der Übergang zum protestantischen Viertel **Shankill**, bestehend aus zwei kurz hintereinander stehenden Toren in der Northumberland Street, ist von 6 Uhr bis 18 Uhr geöffnet. Wenn man das zweite Tor passiert hat, kommt man zu einem ungewöhnlichen Wandgemälde, das **„Welcome to the Shankill Road"** betitelt ist und sich vor allem an Touristen richtet. In der Mitte stehen die Worte: „Wir sind stolz, aufsässig und gastfreundlich". Diese drei Adjektive sind jeweils mit der roten Hand von Ulster illustriert, die dem Betrachter beim letzten Wort zu einem Handschlag entgegengestreckt wird. Links und rechts zeigen fotoähnliche Bilder wichtige Elemente der Kultur des Stadtteils: das Gedenken an gefallene britische Soldaten während der Weltkriege, die Paraden des Oranier-Ordens, die Sportarten Boxen und Fußball sowie die Tradition der Wandgemälde.

Historische Erinnerung in loyalistischen und republikanischen Vierteln

Bei einem Spaziergang durch loyalistisch oder republikanisch dominierte Viertel wie in West-Belfast stößt man auf zahlreiche Gedenkstätten und Wandbilder (s. S. 54), die die jüngere Geschichte thematisieren und dabei fast mehr über die Gegenwart aussagen als über die Vergangenheit. In republikanischen Vierteln, die eine Hochburg der Partei Sinn Féin sind, wird der Nordirlandkonflikt als nationaler Befreiungskampf gegen den britischen Staat dargestellt. Gedenkgärten für ums Leben gekommene Mitglieder der IRA haben hier quasi offiziellen Charakter.

Ein Gegner findet allerdings nur selten Erwähnung: die loyalistischen Paramilitärs, die eigentlich die IRA bekämpften, aber vor allem willkürlich oder aufgrund von Gerüchten gegen Bewohner katholischer Viertel Anschläge verübten. Sinn Féin möchte den Nordirlandkonflikt nicht als ethnischen Konflikt erscheinen lassen, weshalb dieser Aspekt der jüngeren Geschichte weniger betont wird.

Auf der anderen Seite der Friedensmauer, im loyalistisch dominierten Viertel Shankill, steht der Kampf protestantischer Milizen gegen die IRA hingegen im Vordergrund. Viele Wandgemälde preisen paramilitärische Gruppen wie die UVF (Ulster Volunteer Force) oder die UFF (Ulster Freedom Fighters) und Gedenkstätten erinnern an die zahlreichen Opfer der IRA, die bei Anschlägen auf loyalistische Paramilitärs als „Kollateralschaden" ums Leben kamen.

Der Loyalismus ist übrigens keine mit dem Republikanismus vergleichbare Ideologie, sondern ein grober Sammelbegriff für radikalere Protestanten, die zumindest während des Nordirlandkonflikts oft bereit waren, das Gesetz zu brechen, um die IRA zu bekämpfen. Während Republikaner durch Sinn Féin ins politische System Nordirlands eingebunden sind, werden die

Ganz in der Nähe, jeweils um eine Straßenecke, befinden sich zwei an die Wand angebrachte Bilder mit Foto- und Textcollagen, in denen es um **internationale Aspekte britischer Militärgeschichte** geht: Im ersten Bild wird der protestantische Ire John Henry Patterson (1867–1947) thematisiert, der im Ersten Weltkrieg eine Einheit jüdischer Freiwilliger anführte, die als eine der Keimzellen der israelischen Armee gilt. Das Bild um die nächste Ecke ist einer polnischen Fliegerstaffel der britischen Arme im Zweiten Weltkrieg gewidmet. Das Bild soll dem besseren Verständnis zwischen den Bewohnern des Lower Shankills und polnischen Immigranten dienen und wurde 2015 in Anwesenheit des polnischen Konsuls enthüllt. Beide Bilder fielen wiederholt Vandalismus zum Opfer, wurden aber immer wieder repariert.

In der Beverley Street stößt man auf ein dauerhaft geschlossenes Tor, das in die Percy Street einmündet, wo der Haupteingang zu Andrews Mill ist. Die Percy Street verlief einmal von der Divis Street bis zur Shankill Road. Nun ist sie nicht nur von der Friedensmauer, sondern auch von einer Häuserzeile auf der protestantischen Seite durchtrennt. Hinter diesen Reihenhäusern beginnt der zweite Teil von Percy Street.

› Andrews Mill, Ecke Divis Street/Percy Street, BT13 2HW

28 Garden of Remembrance: Gedenkgarten der IRA ★★ [bh]

Der Garten im Stil britischer Gedenkorte für gefallene Soldaten der beiden Weltkriege erinnert an die getöteten und verstorbenen Mitglieder der IRA im Viertel Falls und an die hier ums Leben gekommenen Zivilisten. Er zeigt zudem die Macht der Partei Sinn Féin in diesem Teil West-Belfasts, deren Deutung der jüngeren Geschichte hier den öffentlichen Raum dominiert.

In der Mitte des formell angelegten Gartens steht ein großer, schwarzer **Gedenkstein**, der mit keltischer Ornamentik verziert ist und über dem die irische Trikolore weht. In der Mitte befindet sich eine Liste von IRA-Mitgliedern, die zwischen 1920 und 1992 ums Leben kamen. Das links hervorstehende Panel zeigt eine Frau, die über einer Silhouette Belfasts den scheinbar leblosen Körper eines jungen Mannes in den Händen hält. Da-

ehemaligen loyalistischen Paramilitärs auch in einem großen Teil der protestantischen Bevölkerung mit wenig Wohlwollen wahrgenommen.

Eine der paramilitärischen Gruppen, die nach einer 1913 gegründeten Miliz benannte UVF, erinnert deshalb mit zahlreichen Wandgemälden an den opferreichen Einsatz ihrer Namensgeber als Einheit der britischen Armee und impliziert so, dass ihre Anschläge während des Nordirlandkonflikts die gleiche Legitimität besaßen wie der Einsatz der britischen Armee im Ersten Weltkrieg. Zudem drückt das Gedenken an beide Weltkriege – z. B. auch auf den Wandgemälden am Dover Place – aus, dass man die gleichen Opfer wie die anderen Briten gebracht habe. Die Bomben der deutschen Luftwaffe 1941 unterschieden natürlich nicht zwischen Katholiken und Protestanten, aber das Gedenken an die Opfer bleibt auf eine Seite der Friedensmauer beschränkt.

runter sind die berühmten Worte des irischen Revolutionärs **Patrick Pearse** anlässlich einer Beerdigung am 1. August 1915 in Dublin eingraviert: „Was für Narren, was für Narren, was für Narren! Sie haben uns unsere toten Fenier [=Republikaner] überlassen, und solange Irland diese Gräber hat, wird im unfreien Irland nie Frieden einkehren." Auf dem rechten Panel wird der Widerstand gegen eine Ausgangssperre in West-Belfast im Juli 1970 dargestellt. Die Frauen halten Mülleimerdeckel in den Händen. Um vor Patrouillen der Polizei oder Armee zu warnen, schlugen sie diese auf den Boden. Auf der Hauswand hinten rechts sind Platten mit **Wandgemälden** angebracht. Das große Gemälde in der Mitte zeigt einen Stadtplan West-Belfasts aus den 1970er-Jahren. Darauf werden die jetzige Position des Gedenkgartens markiert und durch weiße Osterlilien die Orte, an denen IRA-Mitglieder getötet wurden.

› Kurz nach dem Falls Leisure Centre (öffentliches Schwimmbad und Fitnessstudio), aber auf der gegenüberliegenden Straßenseite. Der Postcode des Leisure Centre ist BT12 4PB.

Bobby Sands und der Hungerstreik der IRA

Bobby Sands ist in den Mythologien des irischen Republikanismus ein Märtyrer. Unter dem Eindruck der Unruhen der 1970er-Jahre schloss er sich als 18-Jähriger der IRA an und wurde 1977, fünf Jahre später, wegen Waffenbesitzes zu 14 Jahren Gefängnis verurteilt. Noch im Jahr vor seiner Inhaftierung hatten Mitglieder paramilitärischer Organisationen den gleichen Status wie Kriegsgefangene: Sie konnten zum Beispiel ihre eigene Kleidung tragen und waren von Gefängnisarbeit ausgeschlossen. Als dieser Status 1976 abgeschafft wurde, weigerten sich die Gefangenen der IRA, die Häftlingsuniform zu tragen, und wickelten sich stattdessen in Decken ein. 1978 lehrten sie ihre Nachttöpfe nicht mehr aus, nachdem es dabei zu Übergriffen durch Wärter gekommen war, und schmierten ihre Exkremente stattdessen an die Wände.

Der eloquente Bobby Sands wurde 1980 zum Sprecher der gefangenen IRA-Mitglieder ernannt und begann als nächsten Schritt des Protests am 1. März 1981 einen Hungerstreik, dem weitere Gefangene folgten, um so den Effekt zu verlängern. Als zeitgleich ein Unterhausabgeordneter des nordirischen Wahlbezirks Fermanagh und South Tyrone starb und Nachwahlen abgehalten werden mussten, ließ sich Bobby Sands aufstellen und wurde gewählt. Der Propagandaerfolg war enorm, aber seinen Sitz in Westminster konnte er nicht mehr einnehmen.

Sands starb im Alter von 27 Jahren nach 66 Tagen ohne Nahrung. Den Forderungen nach speziellem Gefangenenstatus wurde nicht nachgegeben, aber die der IRA nahestehende Sinn-Féin-Partei, die sich bis dahin nicht an Wahlen beteiligt hatte, änderte ihre Strategie und kämpfte nun „mit Armalite-Gewehr und Wahlurne". Bobby Sands schrieb im Gefängnis unter anderem die Autobiographie „One Day in my Life" (auf Deutsch unter dem Titel „Ein Tag in meinem Leben" erschienen). Die Texte wurden auf Toilettenpaper aus dem Gefängnis geschmuggelt. Der Film „Hunger" aus dem Jahr 2008 mit Michael Fassbender in der Rolle von Bobby Sands thematisiert die Geschichte des Hungerstreiks.

29 Sinn-Féin-Hauptquartier und Bobby-Sands-Wandgemälde ★★ [bh]

Das Porträt des 1981 im Hungerstreik verstorbenen **Bobby Sands** an der Wand des Belfaster Hauptquartiers von Sinn Féin ist mittlerweile eines der bekanntesten Wandgemälde Belfasts. Oft dient es Sinn-Féin-Aktivisten als Kulisse für Fernsehinterviews. Das Wandgemälde stammt von Danny Devenny, dem wohl produktivsten Maler auf der republikanischen Seite. Es entstand 1998 und wird regelmäßig erneuert, teils mit kleinen Veränderungen. Wiederholt ist es durch Farbflaschen verunstaltet worden. Im Erdgeschoss des **Sinn-Féin-Hauptquartiers** befindet sich ein Buchladen auf Parteilinie, in dem Sympathisanten auch republikanische Souvenirs wie IRA-Anstecker und Poster kaufen können.

› **Sinn-Féin-Hauptquartier,** Ecke Falls Road und Sevastopol Street, BT12 4PD.

30 Cultúrlann McAdam Ó Fiaich ★★★ [bi]

Von der Innenstadt über Divis Street und Falls Road kommend, fallen die vielen zweisprachigen und auch rein irischsprachigen Schilder und Aufschriften auf. Diese Gegend wurde zu einem der Kulturviertel der Stadt (s. S. 96) gekürt, zum „Gaeltacht Quarter“ („Gaeltacht“ = irischsprachige Region). Das Zentrum irischsprachiger Aktivitäten ist ohne Zweifel die „Cultúrlann“ (Kulturzentrum, ausgesprochen „kulturlenn“ oder manchmal anglisiert „kaltscherlenn“).

Die Cultúrlann befindet sich in der ehemaligen Broadway Presbyterian Church. 1896 erbaut, wurde sie von der immer kleiner werdenden presbyterianischen Gemeinde des Viertels Falls bis 1982 genutzt und verfiel danach. Sprachaktivisten, die die irische Sprache lernen, anwenden und weiterverbreiten wollen, kauften das Kirchengebäude und eröffneten 1991 die Cultúrlann McAdam Ó Fiaich, benannt nach einem protestantischen Philologen des Irischen, **Robert Shipboy McAdam** (1808–1895) und dem katholischen Kardinal und Erzbischof von Armagh **Tomás Ó Fiaich** (1923–1990), der zudem ein bekannter Sprachforscher des Irischen, Volkskundler und Historiker war. In dem Kulturzentrum waren einmal unter anderem eine Sekundarschule, eine Tageszeitung und eine Radiostation untergebracht, alle natürlich irischsprachig. Das irischsprachige Kulturleben boomt in Belfast und bis auf die Tageszeitung „Lá“ („Tag“), die ihren Betrieb einstellte, sind diese Einrichtungen nun aus Platzgründen an andere Orte in West-Belfast weitergezogen. 2011 wurde die Cultúrlann um den modernen, kuppelförmigen **Anbau** erweitert, den die damalige Präsidentin der Republik Irland, die Belfasterin Mary McAleese, offiziell eröffnete.

Das Kulturzentrum steht allen offen, egal ob man ein paar Worte Irisch ausprobieren möchte oder nur eine Pause im **Café** macht und seinen Kaffee lieber auf Englisch bestellt. Im Erdgeschoss gibt es das Café und Restaurant Bia („Essen“), den **Buchladen** An Cheathrú Póilí („Der vierte Polizist“, in Anlehnung an den satirischen Roman „The Third Policeman“ von Flann O'Brian), und eine vor allem auf West-Belfast spezialisierte **Touristeninformation** (Oifig Fáilte, Visit West-Belfast, s. S. 118). Im Anbau finden sich zudem die

Die irische Sprache in Belfast

Belfast war schon immer eine englischsprachige Stadt, aber viele Ortsnamen reichen in die Zeit vor der Stadtgründung zurück und sind deshalb irischer Herkunft. Belfast selbst kommt z. B. von „Béal Feirste" („Mündung an der Furt"), Shankill von „Seanchill" („Alte Kirche") und Falls von „Tuath na bhFál" („Gebiet der Hecken").

Heute wird Irisch oder Gälisch, wie es auch genannt wird, nur noch von einer Minderheit in entlegenen Gebieten der Republik Irland, den sogenannten Gaeltacht-Regionen, als Muttersprache gesprochen. Seit Ende des 19. Jahrhunderts ist es aber ein Ziel des irischen Nationalismus, das Irische vor dem Aussterben zu bewahren und wieder zur Sprache der Insel zu machen. Letzteres ist nicht gelungen, obwohl Irisch offiziell die erste Sprache der Republik Irland ist. Dort lernt jedes Kind Irisch in der Schule. In Nordirland steht Irisch auf dem Lehrplan der meisten katholischen Schulen. Mehrere Grundschulen und eine Sekundarschule in Belfast verwenden Irisch sogar als Unterrichtssprache, die meisten Kinder erlangen ihre Sprachkenntnisse dort so wie Kinder, die in einem fremdsprachigen Land in die Schule gehen und nichts als die Sprache des Gastlandes hören.

In Belfast gibt es eine rege und in Irland einzigartige Szene von Irischsprechern, die zwar keine Muttersprachler sind, aber wann immer möglich untereinander die Sprache verwenden. Im Stadtteil Falls, aber auch anderswo in der Stadt, sind viele Straßenschilder zweisprachig, weshalb das Viertel touristisch als Gaeltacht Quarter vermarktet wird. In Treffpunkten wie der Cultúrlann 30 kommen Belfaster zu Sprachkursen, aber auch um ihre Sprachkenntnisse im Gespräch mit Gleichgesinnten anzuwenden.

Nach dem Ende des Nordirlandkonflikts ist auch in der protestantischen Bevölkerung das Interesse am Irischen gestiegen und vereinzelt werden Sprachkurse mittlerweile sogar in sehr loyalistisch geprägten Vierteln angeboten. Weniger erfolgreich sind Bestrebungen, dem „Ulster Scots", einer dem Englischen verwandten Sprache, die die protestantischen Kolonisten im 17. Jahrhundert aus den schottischen Lowlands mitbrachten, einen ähnlichen Status wie dem Irischen zu geben. Da die Schrifttradition des „Scots" unterbrochen war, wird diese noch heute in manchen ländlichen Regionen von Katholiken und Protestanten gesprochene Sprache eher als Dialekt oder gar als schlechtes Englisch wahrgenommen.

Im Anhang findet man einige irische Redewendungen, die man in der Cultúrlann ausprobieren kann. Wer ein bisschen mehr lernen möchte, dem sei der Kauderwelsch-Band „Irisch-Gälisch" aus dem Reise Know-How Verlag ans Herz gelegt.

Gerard-Dillon-Galerie, wo Kunst aus Irland und aller Welt zu sehen ist. Im zweiten Stock finden Sprach-, Musik- und Kunstkurse statt. Dort sind auch das **Siobhán-Nic-Cionnaith-Theater** und die **Na-Ballaí-Bána-Galerie,** die sich auf die Arbeit lokaler Künstler spezialisiert.

› 216 Falls Road, BT12 6AH, Bushaltestelle „Broadway", Tel. 028 90964180, www.culturlann.ie, geöffnet: Mo.–Do. 9–18, Fr., Sa. 9–21, So. 11–16 Uhr

31 Bombay Street ★★ [bh]

Als im Sommer 1969 Bewohner des Stadtteils Shankill Personen und Gebäude im katholischen Teil angriffen, wurde keine Straße so in Mitleidenschaft gezogen wie die Bombay Street: Am Abend des 15. August waren alle Häuser der Straße ausgebrannt.

Die Bombay Street geht von der Straße Clonard Gardens ab. Die Straßenschilder sind hier zweisprachig (irisch: Sráid Bombay). Ins Auge fällt ein großes **Wandbild**, das an einer Hauswand angebracht ist und auf dem der Text „Bombay Street. Never again!“ zu lesen ist. Das Gemälde zeigt die brennenden Häuser und eine Frau, die schützend ein Kind umarmt. Im unteren Teil des Bilds sind drei historische Fotos zu sehen, die die damalige Zerstörung zeigen. In der Mitte rechts findet sich das Foto eines 15-jährigen Jungen, dem dieses Wandbild gewidmet ist: Gerald McAuley, geboren 1953, ein Mitglied der Jugendorganisation der IRA und deshalb als Fiann bezeichnet. Er wurde bei den Unruhen von Loyalisten erschossen, als er, wie es in republikanischen Quellen heißt, Bewohnern bei der Flucht aus ihren Häusern half.

Die hier aus Beton, Metall und Maschendraht bestehende **Friedensmauer** ist fast 14 m hoch. Die Wohnhäuser, die direkt an die Mauer grenzen, sind durch Käfige über ihren kleinen Gärten geschützt, denn manchmal werfen Jugendliche von der anderen Seite Steine und andere Gegenstände herüber. Jenseits der Mauer verläuft der Cupar Way 32.

Vor dem Wandbild befindet sich an der Friedensmauer ein Gedenkgarten der IRA, der den Namen **Clonard Martyrs Memorial Garden** trägt.

› BT13 2RX

32 Friedensmauer am Cupar Way ★★ [bh]

Die Friedensmauer schneidet den Cupar Way im protestantischen Stadtteil Shankill von der katholischen Bombay Street 31 ab. An ihr entlang verlaufen ein Bürgersteig und eine Straße, weshalb man an dieser Stelle die Größe und das Ausmaß der Friedensmauer am besten sehen kann.

Das nordirische Ministerium für Kunst und Kultur hat mehrere **Kunstwerke** an der Wand gesponsert, auch

Die Friedensmauer am Cupar Way

091bf-fk

MEIN TIPP

Historischer Spaziergang durch Ballymurphy

Ballymurphy wird die Gegend zwischen Ballymurphy Road im Norden, Whiterock Road im Westen und Springhill Avenue sowie Springmartin Road im Osten genannt. Hier findet man zahlreiche **Wandgemälde**, von denen einige den Kampf der IRA während des Nordirlandkonflikts thematisieren.

Am 9. August 1971 drangen britische Soldaten in Ballymurphy ein, um – wie auch anderswo – Anwohner, von denen der Eindruck bestand, dass sie Mitglieder der IRA sein könnten, festzunehmen und ohne Gerichtsverhandlung zu internieren.

Daraufhin kam es zu Ausschreitungen zwischen Einheimischen und der Armee. Zehn Zivilisten wurden bei diesen mehrtägigen Straßenschlachten erschossen, darunter der Pfarrer Hugh Mullan, als er einem Verwundeten half. Die Armee behauptete später, sie sei unter Beschuss geraten und habe das Feuer lediglich erwidert.

Eine Initiative der Familien der Opfer setzte sich erfolgreich für eine neue Untersuchung der Ereignisse ein, die 2018 begonnen wurde. 2021 verkündete die Untersuchungskommission, dass alle Opfer unschuldig waren und neun von ihnen eindeutig ungerechtfertigt durch die britische Armee erschossen wurden. Der damalige britische Premierminister Boris Johnson entschuldigte sich daraufhin telefonisch bei der Regierungschefin und der stellvertretenden Regierungschefin Nordirlands. Dass es keine öffentliche Entschuldigung gab, wurde von einigen Angehörigen und Politikern scharf kritisiert.

Die Initiative der Angehörigen hat die **Ballymurphy Massacre Interactive Tour** zusammengestellt: An **sechs Stationen der Tour in Ballymurphy** sind laminierte A4-Zettel mit QR-Codes angebracht, die man mit einem Smartphone scannen kann, um über einen Web-Browser Informationen darüber zu bekommen, was an diesem Ort passiert ist. Ein Link führt zu einer Google-Karte, die den Weg zur nächsten und zur vorherigen Station zeigt. Um dieses Angebot zu nutzen, braucht man allerdings einen Internetzugang (www.ballymurphymassacre.com/cms/ballymurphy-massacre-interactive-tour-2).

Die sechs Stationen der Tour in Ballymurphy sind:

★7 [ah] **Location 1: Springfield Park**
★8 [ah] **Location 2: The Manse**
★9 [ah] **Location 3: Upper Whiterock Road**
★10 [ai] **Location 4: Ballmurphy Road**
★11 [ah] **Location 5: Springhill Drive**
★12 [ai] **Location 6: Whiterock Road**

Führungen durch Ballymurphy werden auch von Coiste, einer Organisation ehemaliger inhaftierter IRA-Mitglieder, angeboten (s. S. 126).

um angesichts der wachsenden Zahl von Touristen, die an diese Stelle kommen, das Image des Stadtteils Shankill zu verbessern. Eines davon ist das rote Metallrelief **„The Face"** des Künstlers Kevin Killen. Es stellt ein Gesicht dar, das scheinbar aus der Friedensmauer herausstarrt.

Viele **Führungen** kommen mittlerweile hierher und oft geben die Fremdenführer den Teilnehmern schwarze Stifte, um damit auf die Wand zu schreiben. Allerdings sind nicht alle Belfaster von den zum Teil etwas naiven Botschaften an der Mauer begeistert.

› Vom katholischen Westen kommt man entweder durch die North Howard Street oder den Lanark Way hierher, BT13 2GZ. Die Tore werden abends geschlossen.

33 St. Matthew's Church und Balluan-Stein ★★ [bh]

Der Turm der 1872 im protestantischen Stadtteil Shankill eröffneten und heute denkmalgeschützten **St. Matthew's Church** imitiert die irischen Rundtürme des frühen Mittelalters. Mit dem sehr irischen Design der Kirche hatte man hier im 19. Jahrhundert noch wenig Probleme, zumal das Gotteshaus der anglikanischen Church of Ireland gehört, die sich wie die katholische Kirche in der Tradition des irischen Nationalheiligen St. Patrick sieht. Die Kirche wird wegen ihrer Dreipassform manchmal auch **Shamrock Church** (Kleeblattkirche) genannt.

Rechts neben dem Eingang liegt seit 1911 auf einem Sockel der **Balluan-Stein:** Er hat eine runde Vertiefung in der Mitte und wurde 1855 im nahe gelegenen Friedhof ausgegraben. Vermutet wird, dass er im Mittelalter für Taufen benutzt wurde. 1913 schrieb Mary Lowry in einem Buch über Belfast Folgendes: „Dieser uralte Taufstein wird jetzt von den Kindern der Gegend für einen sehr sonderbaren Zweck benutzt und mit andachtsvoller Ehrfurcht betrachtet, denn man glaubt, dass er fabelhafte Heilkräfte habe. Jedes Kind, das eine Warze hat, steckt eine Nadel hinein und lässt die Nadel dann in das Loch im Stein fallen, und die Warze ist geheilt. Wie häufig das gemacht wird, kann man an den dicken Lagen von Nadeln sehen, die im stehenden Wasser liegen, das die Vertiefung zur Hälfte füllt. Der Taufstein [...] ist jetzt in Warzenstein umbenannt worden.“ Heute ist von diesem Brauch aber nichts mehr zu sehen.

› 30 Woodvale Road, Bushaltestelle „Mayo Street“, BT13 3BS

34 Garden of Reflection ★ [bh]

Dieser **Gedenkgarten** ist denen der IRA sehr ähnlich und steht in der Tradition vergleichbarer Erinnerungsorte für gefallene Soldaten in Großbritannien. Gedacht wird junger Männer aus dem Stadtteil Shankill, die im **Ersten Weltkrieg** als Soldaten der britischen Armee ums Leben kamen. Sie waren ursprünglich Mitglieder der 1913 gegründeten paramilitärischen Ulster Volunteer Force (UVF), die mehr Selbstständigkeit Irlands ablehnte. Als der Erste Weltkrieg ausbrach, traten die Mitglieder der UVF geschlossen der britischen Armee bei und wurden zur 36. Ulster Division. Bei der **Schlacht an der Somme** am 1. Juli 1916 erlitten sie beim Angriff auf die sog. Schwabenfeste der deutschen Armee in der Nähe des nordfranzösischen Ortes Thiepval große Verluste. Die Hälfte aller Männer der Division kam an diesem Tag ums Leben.

Links von dem **Gedenkstein aus Marmor**, über dem eine britische Fahne weht, ist ein Schild mit einem Foto angebracht, das den Ulster-Turm an einer Wiese mit roten Mohnblumen zeigt. Der Turm steht seit 1921 als britisches Kriegsdenkmal, das an die Männer der 36. Division erinnert, in Thiepval und ist eine Kopie des Helen's Tower im nordirischen Küstenort Bangor. Die rote Mohnblume ist in englischsprachigen Ländern ein Symbol für das Gedenken an die Gefallenen des Ersten und mittlerweile auch des Zweiten Weltkriegs. Rechts neben dem Gedenkstein ist ein Gemälde angebracht, das den unionistischen Politiker Sir Edward Carson bei einer Inspektion der UVF 1913 in West-Belfast zeigt.

› zwischen der Montainview Tavern und dem Friedhof, BT13 3AG

35 Alter Shankill-Friedhof ★ [bh]

Dieser heute nicht mehr in Gebrauch befindliche Friedhof ist einer der ältesten der Stadt. In den 1880er-Jahren war hier der letzte Stopp der öffentlichen Pferdestraßenbahn, weshalb der Friedhof früher auch gern scherzhaft „Endstation" *(end of the line)* genannt wurde. Das älteste noch vorhandene Grab stammt aus dem Jahr 1689. Hier stand vermutlich bereits lange vor der Gründung des modernen Belfasts im frühen 17. Jahrhundert eine Kirche.

Als der Friedhof, auf dem die letzte Beerdigung 1934 stattfand, 1958 geschlossen wurde, führte man einige **archäologische Ausgrabungen** durch und fand mittelalterliche Töpferwaren. Schon Mitte des 19. Jahrhunderts wurden hier der Balluan-Stein, ein Taufstein aus dem frühen Mittelalter, der jetzt vor der St. Matthew's Church 33 liegt, und die kupfernen Bestandteile eines Bischofstabs, die sich im Nationalen Archäologiemuseum in Dublin befinden, gefunden. Sie deuten auf die lange kirchliche Geschichte dieses Orts hin. Auf diese bezieht sich auch der Slogan „Shankill – das ursprüngliche Belfast – seit 455 n. Chr." auf dem Wandgemälde in der unteren Shankill Road. Die sehr frühe Jahreszahl ist allerdings spekulativ und kann nicht belegt werden.

Der alte Friedhof ist seit 1963 wieder öffentlich zugänglich. Vom Eingang aus sieht man eine **Statue der Königin Victoria**, die anlässlich ihres diamantenen Thronjubiläums 1897 angefertigt wurde und bis 2003 in der Durham Street stand.

Etwa auf mittlerer Höhe des Friedhofs, am linken Rand, steht eine Mauer, die der **Überrest eines alten Wachhauses** („Watch-House") ist, worauf ein altes Schild hinweist. Erbaut in den 1830er-Jahren, diente es

Die Tradition der politischen Wandgemälde

Wandgemälde (engl. „murals") wurden erstmals 1908 in protestantischen Vierteln anlässlich der Paraden zum Gedenken an die Schlacht am Fluss Boyne geschaffen (s. S. 60). Sie zeigten in der Regel König William of Orange auf einem weißen Pferd sitzend. Erst 1981 begann man auch in katholischen Vierteln mit dieser Praxis, um die Forderungen der sich im Hungerstreik befindenden IRA-Mitglieder zu unterstützen (s. auch S. 48). Dies führte dazu, dass bald auch paramilitärische Gruppen in protestantischen Vierteln ihre Gruppen und politische Botschaften in Wandgemälden darstellten. Für einige Zeit fand man auf beiden Seiten zahlreiche Bilder, die Männer mit schwarzen Masken und Gewehren darstellten. Bösen Zungen zufolge war ein Grund für die Häufigkeit dieses Motivs, dass die Maler noch nicht gelernt hatten, Gesichter zu zeichnen.

Schon in den frühen 1990er-Jahren wurden solche Bilder in vorwiegend republikanischen (katholischen) Vierteln unüblich, während man sie manchmal noch heute in loyalistisch dominierten (protestantischen) Vierteln findet, etwa in der New Lodge Road in Ost-Belfast. Ansonsten thematisieren die Wandgemälde der 1965 gegründeten UVF (Ulster Volunteer Force) heute vor allem den Ersten Weltkrieg. Die Organisation sieht sich in der Tradition der gleichnamigen, 1913 entstandenen Miliz, die ursprünglich die bevorstehende größere Eigenständigkeit des noch ungeteilten Irlands verhindern wollte, dann aber angesichts des Ersten Weltkriegs in der britischen Armee aufging und große Verluste erlitt. Vor allem in der oberen Shankill Road dominieren Bilder, die im Stil der britischen Gedenkpraxis an die Verluste im Ersten Weltkrieg erinnern und bei dieser Gelegenheit implizieren, dass die Anschläge der UVF während des Nordirlandkonflikts die gleiche Legitimität hatten wie der Einsatz britischer Soldaten im Krieg. Die Bilder in der Shankill Parade, die von der unteren Shankill Road zwischen der Shankill Gospel Hall links und der Clear Pharmacy rechts (Hausnummer 71, BT13 1FD) abgeht, stammen von einer Organisation, die legal unter dem Namen UDA (Ulster Defence Association, „Verteidigungsbündnis von Ulster") und illegal als UFF (Ulster Freedom Fighters, „Freiheitskämpfer von Ulster") agierte. In ihren Wandgemälden werden vor allem Mitglieder und Einheiten der Organisation geehrt und sie stellen stärker die Eigenständigkeit Ulsters heraus, während die UVF eher die Verbindung zu Großbritannien hervorhebt. Andere Wandbilder in protestantischen Vierteln haben die königliche Familie (z. B. beim Co-op Supermarkt, 192–212 Shankill Road, BT13 2BJ), die Industriegeschichte Belfasts (z. B. Ecke Newtownard Road/Dee Street, bei der Rea Sandwich Bar, 272 Newtownards Road, BT4 1HE), die deutschen Luftangriffe im Zweiten Weltkrieg (z. B. in der Straße Dover Place unweit der Kentucky Fried Chicken-Filiale, 2 Shankill Road, BT13 2BA) und Fußball zum Thema (s. S. 44) oder sie zelebrieren die Protestanten Nordirlands als ulster-schottische Volksgruppe. Gelegentlich findet man auch noch das traditionelle Motiv: William of Orange, der im Volksmund hier „King Billy" genannt wird (z. B. Shankill Parade, Sandy Row, s. S. 44).

Auf der republikanischen Seite gibt es heute u. a. Gemälde, die an IRA-Aktivisten erinnern (z. B. in Ballymurphy, siehe S. 52), solche, die die irische Geschichte und Kultur thematisieren, den britischen Staat kritisieren oder sich mit internationalen Bewegungen wie der amerikanischen Bürgerrechtsbewegung der 1960er-Jahre, den internationalen Brigaden im Spanischen Bürgerkrieg, palästinensischen oder baskischen Nationalisten solidarisieren (International Wall 27).

Entdecken kann man die Wandgemälde bei einer Führung mit Coiste (s. S. 126), in einer Black Taxi Tour (s. S. 125) oder auf eigene Faust mit dem empfehlenswerten, wenn auch aus republikanischer Perspektive geschriebenen „Belfast Mural Guide" (s. S. 118). Läuft man die Sehenswürdigkeiten West-Belfasts ab, stößt man unweigerlich auf zahlreiche Murals.

Angehörigen von frisch Beerdigten dazu, entweder selbst für etwa vier Tage Wache zu halten oder jemanden zu beauftragen, dies zu tun. Zu jener Zeit trieben Leichendiebe ihr Unwesen, die die Körper für medizinische Forschung gewinnbringend verkaufen konnten und dabei gelegentlich auch

036bf-fk

noch Ringe und andere Wertgegenstände fanden.

› Shankill Road, Belfast, BT13 3AE, Tel. 028 90270296, geöffnet: 7.30 Uhr bis Sonnenuntergang

36 Shankill Memorial Park ★ [bh]

Dieser 1992 angelegte **Gedenkgarten** ist den Menschen des Stadtteils Shankill gewidmet, die als Soldaten der britischen Armee in den Weltkriegen und späteren Konflikten ihr Leben ließen. In der vorderen rechten Ecke steht eine restaurierte Belfaster Gaslaterne, in deren Mast ein Kästchen eingefügt wurde, das die Asche der mehr als tausend Blumen enthält, die nach einem Anschlag der IRA 1993 auf den gegenüberliegenden Frizzell's Fish Shop (heute Court Credit Union) dort abgelegt wurden. Der Anschlag hatte eigentlich Paramilitärs gegolten, die sich über dem Laden treffen wollten, traf aber stattdessen acht Unschuldige und einen Attentäter. Die Laterne soll seit 1994 an die Opfer dieses und aller anderen Terroranschläge in Shankill erinnern.

› rechts neben der West Kirk Church, an der Ecke von Wilton Garden und Shankill Road, BT13 2BL

Wandgemälde in der Shankill Road

Mein Tipp

Beatties – Fish & Chips mit Tradition

Seit 1962 ist Beatties eine der beliebtesten Pommesbuden des Stadtteils Shankill. Täglich wird frisch gefangener Fisch aus dem Dorf Portavogie in der Grafschaft Down geliefert. Man kann sein Essen mitnehmen und es vielleicht bei gutem Wetter im Woodvale Park oder in der Imbissbude auf einer der ausrangierten Kirchenbänke sitzend verzehren.

13 [bh] **Beatties,** 220 Shankill Road, BT13 2BJ, https://beattiesfishbar.com, Mo.-Sa. 12-19 Uhr

37 Bayardo-Gedenkstätte ★ [bh]

Am Ort der Gedenkstätte stand einmal die **Bayardo Bar**, die bei einem Bombenanschlag der IRA am 13. August 1975 zerstört wurde. Sie war als Ziel des **Anschlags** gewählt worden, weil sich hier oft Mitglieder der paramilitärischen UVF trafen. An diesem Dienstag des Jahres 1975 war in der Bar viel los. Kurz bevor das Pub zugemacht hätte, fuhren drei IRA-Mitglieder in einem gestohlenen Audi vor. Einer erschoss den Türsteher und dessen Schwager, die beiden anderen betraten das Lokal und ließen einen Sack mit einer Bombe fallen. Sie entkamen mit dem Fluchtauto. Die Gäste rannten in Panik zu den Toiletten, um dort Schutz zu suchen. Als die Bombe explodierte, stürzte das Gebäude teilweise ein. Fünf Menschen kamen ums Leben, 60 wurden verletzt. Zwanzig Minuten später konnte die Polizei die Attentäter an einer Straßensperre fassen.

Das **Stahlmonument** in Form eines Dachs zeigt Fotos der fünf Opfer und der Bayardo Bar vor und nach dem Attentat.

In der Mitte stehen unter einem Wappen die Worte: „Fünf unschuldige Protestanten ermordet".

Der lange Text am Gitter links unter dem Dach endet folgendermaßen: „[...] wir werden die, die in kalten Gräbern liegen, nie vergessen, die Opfer der bösartigen Völkermordkampagne der republikanischen Bewegung. Sie führte Krieg gegen die britische Präsenz in Ulster. Die britische Präsenz in Ulster – das bist du und das bin ich – die protestantische Bevölkerung!"

› Ecke Shankill Road – Argyle Street, BT13 2BH

Ost-Belfast

Der Osten der Stadt besteht aus teilweise sehr unterschiedlichen Vierteln auf der anderen Seite des Flusses Lagan. Gemeinsam ist ihnen, dass Protestanten dort eine deutliche Mehrheit stellen, nämlich 75 % der Bewohner. Wie überall in Nordirland wächst aber der Anteil der katholischen Einwohner, während der der Protestanten fällt. Ost-Belfast ist touristisch sehr wenig erschlossen. Dennoch finden sich hier einige wichtige Sehenswürdigkeiten und zudem eine große Zahl von meist loyalistischen Wandgemälden, vor allem entlang der Newtownards Road.

Blick von Stormont 38 aus, eine Statue des Politikers Edward Carson im Vordergrund

38 Stormont Estate ★★★ [Faltplan]

Der Stormont Estate ist ein mehrere Gebäude umfassender Landsitz, der neben einem ausgedehnten Park vor allem den Sitz des nordirischen Parlaments beinhaltet, aber auch Stormont Castle, einen Herrensitz aus dem 19. Jh., in dem sich heute der administrative Arm des nordirischen Regionalparlaments befindet.

Der Herrensitz ist der Öffentlichkeit nicht zugänglich, aber der **Park** und das **Parlamentsgebäude** können besichtigt werden. Der imposante, im klassischen Stil in hellem Stein errichtete Bau wurde 1932 eröffnet. Das Gebäude thront majestätisch auf der Kuppe einer Anhöhe und der formell symmetrisch angelegte Park mit der zentral gelegenen Zufahrtsstraße lenkt den Blick der Besucher auf den mit Säulen dekorierten Haupteingang. Die auf einem Sockel vor dem Parlamentsgebäude stehende, fast vier Meter hohe Statue, die mit erhobener Hand mahnend hinab Richtung Belfast schaut, zeigt Sir Edward Carson, eine der führenden Persönlichkeiten des nordirischen Widerstands gegen mehr irische Autonomie in den Jahren 1912–1914. Vier Bronzeplatten auf dem Sockel zeigen wichtige Ereignisse im Leben des Politikers.

Die **Architektur** des Parlaments beinhaltet viel Symbolik: So ist der Bau exakt 365 Fuß lang, einen für jeden Tag des Jahres, und die sechs Säulen in der Versammlungshalle stehen für die sechs Grafschaften Nordirlands. Der zentrale, mit Gold verzierte **Kronleuchter** in der großen Halle war ein Geschenk des deutschen Kaisers Wilhelm II. an seinen Onkel, den britischen König Edward VII. Das Stück wurde dem damaligen nordirischen Parlament 1932 zur Eröffnung des neuen Gebäudes eigentlich als Leihgabe überlassen, hängt aber noch immer an gleicher Stelle.

Heute kann man den Komplex bei einer der kostenlosen **Führungen** entdecken, sich aber auch, mit einer Broschüre ausgestattet, selbst auf Erkundungstour begeben, sogar Parlamentsdebatten und Ausschusssitzungen beiwohnen oder im Parlamentsrestaurant **The Members' Dining Room** speisen (Mo.–Fr. 12–15 Uhr).

Sehenswert sind auch die **Außenanlagen.** Es finden sich hier ein Kinderspielplatz (Mo Mowlam Play Park), verschiedene Skulpturen, Spazierwege und sogar ein Trimm-dich-Pfad mit Bewegungsparcour.

› Northern Ireland Assembly, Parliament Buildings, Ballymiscaw, Stormont,

037bf-fk

Das Parlamentsgebäude ist Teil von Stormont Estate

BT4 3XX, Tel. 2890521137, www.niassembly.gov.uk, Eintritt frei, geöffnet: Park Mo.–Fr. 7.30–21 Uhr, Sa., So. 9–21 Uhr, Parlament Mo.–Fr. 9–16 Uhr, Führungen (nach Anmeldung) Mo.–Fr. 11 und 14 Uhr. Bus Nr. 3f von Donegall Square West und Glider G1 von Chichester Street zur Haltestelle „Stormont".

39 Museum of Orange Heritage ★★ [ej]

Der Oranier-Orden war einmal eine zentrale Institution im Leben der meisten Protestanten im nördlichen Irland. Seine Mitgliederzahlen schrumpfen aber, während die Kritik von katholischer Seite – vor allem an dessen Paraden – nicht abreißt. Finanziert im Rahmen des Friedensprogramms der EU für Nordirland, soll dieses vom Oranier-Orden betriebene Museum auch unter Katholiken Verständnis für dessen Kultur wecken.

Im ersten Teil der Ausstellung geht es um den zentralen Mythos des Ordens: den in Irland ausgetragenen Konflikt zwischen zwei Konkurrenten um den englischen Thron, dem eigentlich rechtmäßigen, katholischen **König James II.** und seinem protestantischen Schwiegersohn **William of Orange.** Eine lebensgroße Reiterfigur erinnert an die seit Generationen in protestantischen Vierteln an Häuserwände gemalten Darstellungen des Königs William of Orange, stellt aber einen katholischen Soldaten aus der Armee von dessen Widersacher James dar. Dies ist einer der Versuche, einfache Feindbilder abzubauen.

Im zweiten Teil geht es um den **Oranier-Orden** selbst, der mehr als ein Jahrhundert nach dem Krieg der Könige entstand. Gezeigt werden Fotos, Banner und in Schaukästen Objekte, die für die Paraden und Zeremonien des Oranier-Ordens wichtig sind. In einem Raum werden **Aktivitäten für Kinder** angeboten, die sich verkleiden oder Wappen für fiktive Logen des Oranier-Ordens entwerfen können.

Das moderne Museum zeigt die Mythologie und Kultur des Oranier-Ordens aus Eigenperspektive, erklärt aber nicht, warum er entstand, welche historischen Entwicklungen er durchlief und warum er heute auf so viel Ablehnung stößt. Der Exkurs zum Oranier-Orden (s. S. 60) soll diese Lücken füllen und den Museumsbesuch ergänzen.

› 368 Cregagh Road, BT6 9EY, Bus Nr. 6a von Donegall Square West, Ausstieg: Haltestelle „Cregagh Library", Tel. 028 90701122, www.orangeheritage.co.uk, Eintritt frei, Mo.–Sa. 10–17 Uhr. Normalerweise werden die Haltestellen im Bus an einer digitalen Hinweistafel angezeigt, sollte diese ausgestellt sein, muss man den Halteknopf drücken, wenn man auf der rechten Seite die Straße „The Straight" oder auf der linken Seite das Hinweisschild für die Bücherei sieht.

MEIN TIPP

Eiscreme bei Maud's

Direkt links vom Museum of Orange Heritage 39 findet sich in einer kleinen Häuserreihe die herrlich unprätentiöse Eisdiele Maud's, die die bekannte, in Carrickfergus hergestellte Eiscreme gleichen Namens verkaufen. Das Ambiente ist einfach, erinnert aber besonders in der Farbgebung an die 1950er-Jahre. Die Geschmackskreationen sind allerdings deutlich moderner und sehr kreativ. Neben den üblichen Sorten kann man zum Beispiel „Irish Atlantic Sea Salted Caramel" probieren.

14 [ej] **Maud's**, 352 Cregagh Road, BT6 9EY, www.mauds.com, tgl. 12–20 Uhr

Der Oranier-Orden und seine Paraden

Im Sommer 2015 war in der Bordzeitschrift der Fluggesellschaft easyJet in einem Artikel über Belfast Folgendes zu lesen: „Hunderte von farbenfrohen Paraden finden am Feiertag des 12. Julis in ganz Nordirland statt, um der Schlacht am Fluss Boyne im Jahre 1690 zu gedenken." Daraufhin beschwerte sich der nordirische Blogger Sammy McNelly: „Paraden, die deutlich sektiererisch sind und ein offenkundig politisches Motiv haben, sind nicht als Empfehlung für Touristen geeignet, es sei denn, der ethnische, politische und religiöse Kontext wird deutlich gemacht." Die Fluggesellschaft entschuldigte sich daraufhin und versicherte, einen derartigen Tipp nicht mehr in ihre Publikation aufzunehmen. Dies erboste nicht nur den Oranier-Orden, sondern auch einen unionistischen Abgeordneten des nordirischen Parlaments, William Dumphrey. In der Zeitung „Newsletter" fragte er sich am 8. August 2015, ob easyJet genauso schnell bei verlorenem Gepäck reagiere wie bei der Entscheidung, „eines der größten Kulturfeste, das im Vereinigten Königreich stattfindet, wegzuretuschieren".

Die Paraden, um die es in dieser Auseinandersetzung ging, finden seit Mitte des 18. Jahrhunderts statt und feiern den Sieg des protestantischen Königs William of Orange über den eigentlich rechtmäßigen König Englands, Schottlands und Irlands, seinen katholischen Schwiegervater James II. Gefeiert wird heute nicht die letzte entscheidende Schlacht bei Aughrim im Jahre 1691, sondern die am Fluss Boyne einige Monate früher. Bei ihr waren beide Könige zugegen, aber nach der verlorenen Schlacht ging James nach Frankreich.

1795, mehr als hundert Jahre nach der Niederlage von James' Truppen, entstand der Oranier-Orden (Orange Order) im Kontext ländlicher Unruhen zwischen Katholiken und Protestanten in der Grafschaft Armagh. Die Organisation griff den Krieg zwischen Wilhelmiten und Jakobinern (den Anhängern von König James II.) als seinen zentralen Mythos auf und führte die bereits bestehende Gedenkpraxis weiter. In vielerlei Hinsicht ist der Oranier-Orden vom Freimaurertum beeinflusst: Er ist z. B. in Logen aufgeteilt und die Mitglieder müssen verschiedene Grade durchlaufen. Nach der Teilung der Insel Anfang der 1920er-Jahre kam dem Oranier-Orden bis in die 1960er-Jahre hinein in Nordirland eine zentrale Rolle zu: Jeder fünfte männliche Protestant war 1965 Mitglied und die Organisation integrierte Protestanten verschiedener Konfessionen und über soziale Grenzen hinweg. Um in Nordirland etwas zu werden, musste man Mitglied sein und für Katholiken, die von der Mitgliedschaft ausgeschlossen sind, stellte die Organisation manchmal ein Hindernis dar, wenn es darum ging, sozial aufzusteigen. Mittlerweile rümpfen Angehörige der protestantischen Mittelschicht die Nase, wenn sie vom Oranier-Orden hören, während die Organisation andererseits versucht, eine deutliche Distanz zum radikalen Loyalismus vieler Arbeiterviertel zu wahren, allerdings nicht immer erfolgreich.

Das wohl wichtigste Ereignis im Kalender des Oranier-Ordens sind die Paraden am 12. Juli, dem Jahrestag der Schlacht am Fluss Boyne, der in Nordirland ein Feiertag ist. Die Oranier sehen an diesem Tag aus wie Londoner Gentlemen in einer deutschen Edgar-

080bf-fk

Wallace-Verfilmung. Sie tragen schwarze Anzüge mit einer orangefarbenen Schärpe, weiße Handschuhe, oft Melonen-Hüte und manchmal sogar trotz Sonnenscheins Regenschirme. Jede Loge hat ein farbenprächtiges Banner, in dem biblische oder historische Szenen dargestellt werden. Zwischen den Logen marschieren Kapellen, die Namen wie Shankill Protestant Boys, Ahoghill Loyal Sons of William oder Drumderg Loyalists Flute Band tragen und mit Flöten und den großen Lambeg-Trommeln für die musikalische Begleitung sorgen. Die Musikanten sind dabei keine Ordensmitglieder, sondern werden für ihre Dienste bezahlt. Manchmal sympathisieren die Bands mit paramilitärischen Gruppen und auf sie gehen viele der Provokationen in katholischen Vierteln zurück, zu denen es bei den Paraden gelegentlich kommt.

In Nord-Belfast und in der unteren Ormeau Road in Süd-Belfast kommt es bei den Paraden manchmal zu Ausschreitungen, wenn sie durch katholische Viertel marschieren, aber anderswo stehen Familien am Straßenrand und es herrscht Volksfestatmosphäre. Viele der Fast-Food-Stände werden übrigens von Katholiken betrieben.

Frauen schmierten bei den Veranstaltungen des Ordens traditionell eher Butterbrote und kochten Tee, aber es gibt heute auch ein paar Frauenlogen und gemischte Kapellen. Für die meisten Oranier und ihre Familien dient der Oranier-Orden primär dazu, soziale Kontakte zu pflegen und viele nehmen die Satzung ernst, die zwar die Mitgliedschaft auf Menschen beschränkt, die der „Religion der Reformation" angehören, aber andererseits diejenigen ausschließt, „die durch einen intoleranten Geist dazu geführt werden, jemanden aufgrund seiner religiösen Auffassungen zu verfolgen, zu verletzen oder zu beschimpfen".

Parade des Oranier-Ordens

Nord-Belfast

In Nord-Belfast wohnen wie im Süden der Stadt zu etwa gleichen Teilen Katholiken und Protestanten. Hier enden aber die Ähnlichkeiten: Der Norden der Stadt ist weniger wohlhabend, mancherorts sozial benachteiligt und die beiden Konfessionsgruppen leben in kleinen konfessionell homogenen Enklaven. Republikanische Wandgemälde findet man z. B. in der New Lodge Road, loyalistische zwischen Duncairn Gardens und Limestone Road. Abgesehen von den Gemälden sind in vielen protestantischen Straßen die Bürgersteigkanten in den Farben des Union Jack, der britischen Flagge, blau-weiß-rot bemalt und es wehen zahlreiche britische Fahnen. Wahlplakate sind ein weiterer Indikator dafür, welche Konfession in einer Straße dominiert. Nord-Belfast liegt am Fuße des Cave Hill.

40 Crumlin Road Gaol ★★★ [cg]

Wenn man mit dem Taxi kommt, wird man gelegentlich vom Fahrer scherzend gefragt, wen man denn besuchen möchte, so lebendig ist die Erinnerung an dieses Gefängnis, das bis 1996 in Betrieb war. Seit 2012 ist das Crumlin Road Gaol ein Museum, dessen bislang wohl berühmteste Besucherin Königin Elizabeth II. war. Sie wurde 2014 von zwei ehemaligen Insassen, dem damaligen nordirischen Regierungschef Peter Robinson (DUP) und seinem Stellvertreter Martin McGuinness (Sinn Féin), herumgeführt.

Zu dem imposanten neo-klassizistischen **Gerichtsgebäude** auf der anderen Straßenseite führt ein unterirdischer Tunnel, durch den Häftlinge zur Verhandlung gebracht wurden. Das derzeit leerstehende, über Jahre vernachlässigte Gebäude wurde 2017 von einer Hotelkette aufgekauft, 2020 aber leider durch einen Brand weiter beschädigt.

Bei der informativen Führung im **Crum** (so der Spitzname des Gefängnisses) wird man mit den Bedingungen der Häftlinge zu verschiedenen Perioden der Gefängnisgeschichte vertraut gemacht und auch durch die letzten Minuten eines zum Tode Verurteilten geführt – 17 Menschen hängte man hier zwischen 1901 und 1961.

Etwas seltsam mutet an, dass auch „paranormale“ Führungen angeboten werden oder dass man hier heiraten kann. Vermutlich richten sich diese Angebote eher an Nordiren und sind eine Art, die jüngere Vergangenheit zu verarbeiten. Das Wort „gaol“ ist

040bf-fk

übrigens eine alte Schreibweise von „jail" (Gefängnis).

› 53–55 Crumlin Road, BT14 6ST, Busse Nr. 12b (von Donegall Square North) und 11f (von Chichester Street), Haltestelle „Agnes Street", Tel. 028 90741500, www.crumlinroadgaol.com, Eintritt: Erwachsene 14,50 £, Kinder (5–15 J.) 8 £, ermäßigt 13 £, Familien 40 £ (online billiger), geöffnet: Besichtigung nur mit Führungen möglich, die tgl. 10–16 Uhr, April–Aug. Fr. und Sa. bis 16.30 Uhr, angeboten werden (Dauer: ca. 70 Minuten). Um Wartezeiten zu vermeiden und in den Genuss niedrigerer Eintrittspreise zu kommen, empfiehlt sich eine Vorbuchung.

Das Herrenhaus Belfast Castle

Der Belfaster Hafen mit der Hügelkette Napoleon's Nose (s. S. 64) im Hintergrund

41 Belfast Castle und Cave Hill Country Park ★★ [Faltplan]

Wer sich Zeit für diesen Abstecher an den Belfaster Stadtrand nimmt, wird mit einer fantastischen Aussicht belohnt. An klaren Tagen kann man nicht nur den Blick über die Stadt genießen, sondern sogar bis Schottland und zur Isle of Man sehen.

Belfast Castle, das sich 120 m ü. M. am Rand der Anhöhe befindet, ist ein Herrenhaus im schottischen Stil aus dem 19. Jh. Zunächst war es der Belfaster Sitz der Familie Chichester, deren erste Burg in der Innenstadt 1708 niederbrannte. 1934 ging Belfast Castle in den Besitz der Stadt über und wird seitdem als Konferenz- und Besucherzentrum genutzt. Im Keller des Anwesens findet sich das **Cave-Hill-Besucherzentrum**, in dem man eine Ausstellung zur Geschichte, Geografie und Archäologie der Umgebung ansehen kann. Außerdem gibt es ein Café, in dem man bis 15 Uhr kleine warme Gerichte bekommen kann. Sehenswert ist auch der um das Haus herum angelegte schöne **Garten** mit seinen üppigen Blumenrabatten und einem ungewöhnlichen Katzenmosaik auf einer der Seitenterrassen.

Von Belfast Castle aus kann man **Cave Hill Country Park** erkunden. Das Areal ist nach den dortigen fünf **Höhlen,** bei denen es sich wahrscheinlich um Reste eisenzeitlicher Bergwerke handelt, benannt und erstreckt sich über einen Teil der Hügelkette, die sich an der Bucht von Belfast entlangzieht. Hier gibt es viele **Wander- und Spazierwege**, einen **Abenteuerspielplatz** und verschiedene **geologisch** bzw. **archäologisch interessante Punkte.** Nicht verpassen sollte man eine Wanderung zu **McArt's Fort,** den Überresten einer frühzeitlichen Befestigungsanlage, und zum Gipfel von Cave Hill. Verschiedene Wanderrouten sind gut im Internet beschrieben, z. B. auf http://belfasthills.org.

Die Hügelkette ist ein bekanntes Wahrzeichen der Stadt und auch als **Napoleon's Nose** („Napoleons Nase") bekannt, da ihre Silhouette dem liegenden Kopf Napoleons ähnelt – mit McArt's Fort als Dreieckshut und der hervorstechenden Nase, erkennbar am besten vom Titanic-Viertel aus.

› Antrim Road, BT15 5GR, Busse Nr. 1a/c-g/j Upper Queen Street, Ausstieg Haltestelle „Strathmore Park", Tel. 028 90776925, www.belfastcastle.co.uk, Eintritt frei, Führungen nur auf Anfrage, Besucherzentrum tgl. 9–18 Uhr. Von der Bushaltestelle geht es in Fahrtrichtung weiter bis zum braunen Hinweisschild „Cave Hill Country Park/Belfast Castle" und dann nach links. Sehen Sie dieses Schild auf der linken Seite vorbeirauschen, haben Sie die Haltestelle verpasst: Da hilft nur, bei der nächsten Gelegenheit auszusteigen und zurückzugehen.

Entdeckungen außerhalb der Stadt

Viele der bekanntesten Sehenswürdigkeiten, allen voran sicherlich die Nordküste der Grafschaft Antrim, sind nicht weit von Belfast entfernt. Sehenswert ist auch das Freilichtmuseum in Cultra.

42 Ulster Folk and Transport Museum ★★★ [Faltplan]

Nordöstlich von Belfast an der Küste gelegen befindet sich in dem Örtchen Cultra das Ulster Folk and Transport Museum. In diesem empfehlenswerten Freilichtmuseum mit angeschlossenem Transportmuseum kann man gut und gern einen ganzen Tag verbringen.

Das Freilichtmuseum besteht aus einer kleinen **Museumsstadt**, in der man das Leben um das Jahr 1900 hautnah erleben kann. Über 30 Originalhäuser wurden in allen Teilen der Provinz Ulster abgetragen und hier

Zurück in die Zukunft – ein DeLorean in Cultra

In dem Film „Zurück in die Zukunft" von 1985 baut der Erfinder Doc Brown einen Delorean DMC-12, ein futuristisch aussehendes Auto mit nach oben aufgehenden Türen, zu einer Zeitmaschine um. Mit dieser reist Marty McFly ins Jahr 1955. Das vor allem in den USA verkaufte Auto dieser Marke wurde zwischen 1981 und 1982 im Belfaster Vorort Dunmurry produziert, an der Schnittstelle zwischen einem von sozialen Problemen geplagten katholischen und einem protestantischen Viertel. Es

akribisch wieder aufgebaut. Beim Rundgang stößt man überall auf die **kostümierten Museumsführer**, die einem nicht nur viel über den historischen Hintergrund erzählen können, sondern auch alte Handwerkstechniken wie Korbflechten oder Weben demonstrieren.

Im **Ulster Transport Museum** gibt es die Dauerausstellungen „TITANICa" (Geschichte der Titanic), „Museum of Innovation" (einheimische Pioniere der Wissenschaft und Technik), „Our Place in Space" (das Sonnensystem), „Celtic Wave" (Geschichte des Surfens in Irland), „Rail Gallery" (historische Züge), „Road Gallery" (historische Autos) und „The Last Ulster Schooner" (das letzte in Irlands Norden gebaute Segelschiff).

› 153 Bangor Road, Holywood, Cultra, BT18 0EU, Metrobus 502a/502b von Waterfront oder Lanyon Place Station, Ausstieg Haltestelle „Ulster Folk and Transport Museum" oder Zug von Belfast Central Station Richtung Bangor bis zum Bahnhof „Cultra", dann ca. 10–15 Min. Fußweg, Tel. 028 90428428, http://nmni.com/utm, kombinierter Eintritt für Freilicht- und Transportmuseum: Erwachsene 11,50 £, Kinder 7 £, ermäßigt 9 £, Familien 24,50 £/32 £, geöffnet: Di.–So. 10–17 Uhr

43 Giant's Causeway und Nord-Antrim-Küste ★★★ [Faltplan]

Nicht umsonst hat die UNESCO diese Naturlandschaft zum Welterbe erklärt: Über 40.000 dunkle, fünf- oder sechseckige Basaltsäulen, die vor etwa 60 Millionen Jahren aus abkühlender Lava geformt wurden, bilden hier den Küstenstreifen – ein wahrhaft spektakulärer Anblick!

Besucher werden in einem für seine innovative und nachhaltige Bauweise preisgekrönten **Besucherzentrum** empfangen. Das Gebäude passt sich fast nahtlos in die Landschaft ein und ist von manchen Stellen wegen seiner Grasdächer fast unsichtbar. Von der anderen Seite spiegelt die Fassade die **Basaltsäulen** des Giant's Causeway wider.

war eine der Strategien des Firmengründers John DeLorean, nach einem Produktionsstandort mit hoher Arbeitslosigkeit zu suchen, um im Gegenzug von der entsprechenden Regierung finanziell gefördert zu werden. Die britische Regierung nahm dieses Angebot an und Nordirland wurde als geeignete Region ausgewählt. Die Rechnung ging aber nicht auf: Das Auto war zu teuer und verkaufte sich schlecht, die Kosten waren höher als geplant. Zudem gab es Probleme mit der Qualität, weil die Arbeiter in Dunmurry unerfahren waren und viele Anfangsschwierigkeiten hatten. Hinzu kam, dass John DeLorean für einige Zeit in Verdacht stand, mit Drogen zu handeln und vom FBI überwacht wurde. Die Ermittlungen wurden später eingestellt.

Drei Jahre bevor „Zurück in die Zukunft" in die Kinos kam und dem Auto ein dauerhaftes Denkmal setzte, ging die DeLorean Motor Company bankrott. Das Ulster Folk and Transport Museum kaufte einen der Testwagen auf, den man nun hier bewundern kann. Übrigens spielen die Belfaster Autofabrik und John DeLorean auch eine Rolle im Band 2 der in den 1980er-Jahren spielenden nordirischen Krimireihe von Adrian McKinty (Die Sirenen von Belfast/I Hear the Sirens in the Street, s. Literaturtipps S. 118).

In einer **interaktiven Ausstellung** kann man sich über den wissenschaftlichen Hintergrund der geologischen Formation des Causeway informieren, aber auch die Mythen und Legenden, die sich um diesen einzigartigen Ort gebildet haben, kommen nicht zu kurz. Es gibt auch eine Touristeninformation, ein kleines Café und einen Museumsladen. Für die Besichtigung der Küste selbst kann man außerdem einen **Audioguide** bekommen, der unter anderem auch in deutscher Sprache erhältlich ist. Übrigens ist der Besuch der Basaltsäulen auf eigene Faust kostenlos, nur der Besuch des Besucherzentrums, die Nutzung des angeschlossenen Parkplatzes und die Führungen kosten Eintritt.

› 44 Causeway Road, Bushmills, Antrim BT57 8SU, Goldliner Bus 221 von Europa Bus Centre [A5] oder Donegall Square North bis zum Stopp „Giants Causeway The Nook" (ca. 1:40 Std.), Tel. 028 20731855, www.nationaltrust.org.uk/giants-causeway, geöffnet: tgl. 9–18 Uhr, Eintritt (Haupt-/Nebensaison): Erwachsene 15 £/13,50 £, Kinder 7,50 £/6,75 £, Familien (zwei Erwachsene plus Kinder) 37,50/33,75 £, (ein Elternteil plus Kinder) 22,50 £/20,25 £

MEIN TIPP

Küstentouren

Es gibt entlang der Küste weitere interessante Ziele, so z. B. die **Hängebrücke von Carrick-a-Rede** und die **Whiskeybrennerei Bushmills.** Am besten kann man diese Orte, wie auch den Giant's Causeway, mit den beim Visit Belfast Welcome Centre (s. S. 117) zu buchenden Bustouren erreichen. Übrigens beinhalten einige Touren zu den Drehorten der Reihe Game of Thrones (s. S. 34) auch einen Besuch des Giant's Causeway, auch wenn hier gar keine Szenen der Serie gedreht wurden.

Gehört zum UNESCO-Welterbe: der Giant's Causeway 43

081bf-lw

003bf-kw

Belfast für Kunst- und Museumsfreunde

Belfast hat eine Vielzahl interessanter Museen zu bieten. Einige thematisieren die besondere Situation Nordirlands, teils mit nüchterner Distanz (Ulster Museum), meist aber gefärbt aus der Sicht verschiedener Akteure (Museum of Orange Heritage, James Connolly Visitor Centre, Irish Republican History Museum, Discover Ulster Scots Centre). Zahlreiche andere Museen beschäftigen sich mit der Titanic und der Geschichte des Schiffbaus in Belfast.

Museen

15 [D4] **Belfast Barge.** Ein Museumsschiff, auf dem es eine Ausstellung zu Belfasts Schifffahrts- und Industriegeschichte zu sehen gibt (s. S. 30).

40 [cg] **Crumlin Road Gaol.** Dieses Gefängnis war von 1845 bis 1996 in Betrieb. Die Führungen zeigen die unterschiedlichen Bedingungen der Häftlinge im Verlauf der Geschichte (s. S. 62).

M15 [C3] **Discover Ulster Scots Centre,** 31 Gordon St, BT1 2LG, www.ulsterscotsagency.com/about-us/discover-ulster-scots-centre, geöffnet: Mo.–Fr. 10–16 Uhr, Eintritt: frei. In der nationalen Identität der protestantischen Bevölkerung gibt es eine Lücke: Andere Briten sind Engländer, Schotten oder Waliser, aber wie können sich Nordirlands Protestanten bezeichnen, wenn nicht als Iren? In den letzten Jahren gibt es verstärkt Bemühungen, das Konzept einer auf die Ansiedlung schottischer Siedler im 17. Jh. zurückgehenden ulster-schottischen Volksgruppe plausibel zu machen und zu popularisieren. Dieses kleine Museum mit seinen attraktiven Stellwänden und kostenlosen Hochglanzbroschüren zu vielen historischen Themen tut genau das.

22 [eg] **HMS Caroline.** Ein Kriegsschiff aus dem Ersten Weltkrieg, das an der Skagerrakschlacht in den Gewässern vor Jütland 1916 beteiligt war (s. S. 37).

M16 [bh] **Irish Republican History Museum,** 5 Conway Place, BT13 2DE, Tel. 028 90240504, https://eileenhickeymuseum.com, Eintritt: frei, geöffnet: Di.–Sa. 10–14 Uhr. In dem von Ehrenamtlichen betriebenen Museum wird vor allem Kunsthandwerk ausgestellt, das IRA-Mitglieder während ihrer Haft hergestellt haben. Daneben gibt es Artefakte, die bis ins 18. Jahrhundert zurückreichen, historische Zeitungsartikel und eine nachgebildete Zelle des Frauengefängnisses von Armagh. Das Museum befindet sich im Hinterhof des Conway-Mill-Komplexes und kann leicht übersehen werden.

M17 [bi] **James Connolly Visitor Centre,** 374–376 Falls Road, BT12 6DG, Tel. 028 90991005, https://arasuichonghaile.com, geöffnet: Mo.–Fr. 9–16, Sa. 10–14 Uhr, Eintritt (mit Audioguide): Erwachsene 10 £, Kinder und ermäßigt 7 £, Familien 22 £. Dieses Museum ist dem irischen Gewerkschaftsführer und Sozialisten James Connolly (1868–1916) gewidmet, der von 1910 bis 1914 in der Falls Road lebte und 1916 als einer der Anführer des Osteraufstands in Dublin hingerichtet wurde. Es gibt hier auch eine Bibliothek sowie ein Café und das Museum bietet Stadtführungen an.

39 [ej] **Museum of Orange Heritage.** In diesem modernen Museum stellt sich der Oranier-Orden dar (s. S. 59).

M18 [B2] **Northern Ireland War Memorial – World War II Museum,** 21 Talbot Street,

Vorseite: Der „Schiefe Turm von Belfast“: Albert Memorial Clock 14

043bf-fk

BT1 2LD, Tel. 028 90320392, www.niwarmemorial.org, Eintritt: frei, geöffnet: Mo.–Fr. 10–16.30 Uhr, Sa. 12–16 Uhr. Ein kleines Museum, in dem es um Nordirland im Zweiten Weltkrieg geht. Die Themenbereiche sind die Bombardierung Belfasts, das Leben während des Krieges und das Zusammenleben mit den von 1942 bis 1944 hier stationierten amerikanischen Soldaten. Deutschsprachige Übersetzungen einiger Ausstellungstexte können ausgeliehen werden.

19 [C3] **Oh Yeah Music Centre,** 15–21 Gordon Street, BT1 2LG, Tel. 028 90310845, www.ohyeahbelfast.com, Eintritt: frei, geöffnet: Mo.–Fr. 10–17 Uhr, Sa. 13–17 Uhr. Hier wird der Geschichte populärer Musik in Nordirland nachgegangen. Es geht u. a. um bekannte nordirische Bands wie Them, The Undertones und Stiff Little Fingers sowie um Gary Moore.

19 [E1] **SS Nomadic.** Die Titanic gibt es nicht mehr, wohl aber dieses Tenderschiff, mit dem Passagiere in Cherbourg an Bord des Liniendampfers gebracht wurden (s. S. 33).

20 [E1] **Titanic Belfast.** Das größte und wohl modernste der Titanic gewidmete Museum der Welt befindet sich an dem Ort, an dem das Schiff gebaut wurde (s. S. 35).

23 [eg] **Titanic Distillers at Thompson Dock & Pump House.** In dem ehemaligen Pumpenhaus für das riesige Trockendock, in dem die Titanic von 1911 bis 1912 ausgestattet wurde, befindet sich heute eine Whiskey-Destillerie. Man kann die historischen Anlagen jedoch noch bei verschiedenen Führungen sehen (s. S. 37).

26 [A8] **Ulster Museum.** Es geht hier um die Geschichte Irlands und insbesondere des Nordens. Dem Nordirlandkonflikt ist eine eigene Ausstellung gewidmet. Daneben gibt es Ausstellungen zur Archäologie Ägyptens, zu naturkundlichen Themen und Kunst (s. S. 43).

20 [D2] **W5 Interactive Discovery Centre,** 1 Lanyon Quay, BT1 3LG, Tel.

Auch architektonisch interessant: das Ulster Museum **26**

028 90467790 oder 028 90467793, www.w5online.co.uk, Eintritt (Preise können je nach Tageszeit variieren): Erwachsene 9,50/11 £, Kinder 7,50/9 £, ermäßigt 8/9 £, Familien 31–37 £, geöffnet: tgl. 10–18 Uhr, außerhalb der Hauptsaison evtl. eingeschränkte Zeiten. Ein interaktives Wissenschaftsmuseum für die ganze Familie, in dem man viel ausprobieren kann.

Kunstgalerien

21 [C3] **Belfast Exposed,** The Exchange Place, 23 Donegall Street, BT1 2FF, Tel. 028 90230965, www.belfastexposed.org, geöffnet: Di.–Sa. 11–17 Uhr. Eintritt: frei. Diese Galerie hat sich auf zeitgenössische Fotografie spezialisiert.

22 [C3] **Belfast Print Workshop,** Cotton Court, 30–42 Waring Street, BT1 2ED, Tel. 028 90231323, http://bpw.org.uk, geöffnet: Mo.–Fr. 9.30–17 Uhr. Eintritt: frei. Eine Kunstdruckwerkstatt, wo gelegentlich auch Ausstellungen zu sehen sind.

11 [C2] **The MAC (Metropolitan Arts Centre).** Neben Kunstausstellungen gibt es im Metropolitan Arts Centre ein Theater und Konzertveranstaltungen (s. S. 28).

044bf-fk

Kunst unter freiem Himmel

„Building peace through the arts" („Frieden schaffen durch Kunst") – dies ist eine aus öffentlicher Hand finanzierte Initiative, die die Gräben in der nordirischen Gesellschaft überwinden soll. Mit den **Wandgemälden** in ärmeren Stadtteilen gibt es eine lange Tradition öffentlicher Kunst, aber manche der Motive sind ein Teil des Problems (s. S. 54). Durch die Initiative **Re-Imagening Communities** werden Anwohner überzeugt, aggressivere Bilder durch kulturell motivierte oder bei der anderen Seite weniger kontroverse Motive zu ersetzen. Ein gutes Beispiel dafür ist das Wandgemälde von William of Orange in Sandy Row, wo auf einem erklärenden Schild noch das vorherige Motiv, ein maskierter Schütze mit Gewehr im Anschlag, zu sehen ist (s. S. 44).

Öffentlich finanziert werden auch Kunstwerke an der **Friedensmauer im Cupar Way** 32.

Überall in der Stadt findet man **Skulpturen**, z. B. wenn man von The Big Fish 17 zum Konferenzzentrum Waterfront (2 Lanyon Place, Belfast BT1 3WH) geht. Vom Belfaster Fremdenverkehrsamt gibt es online eine praktische Liste öffentlicher Kunst: https://visitbelfast.com/article/public-art-sculpture-in-belfast.

Kunst im öffentlichen Raum: „Sheep on the Road" an Belfasts Waterfront

Belfast für Genießer

Essen und Trinken

Kulinarisch ist Nordirland zwar noch eher ein Geheimtipp, aber für Feinschmecker ist die Region in den letzten Jahrzehnten zu einem beliebten Reiseziel geworden. Neue, junge **Starköche** haben sich besonders in Belfast niedergelassen und einen modernen Stil entwickelt, der traditionelle Zutaten und Gerichte würdigt, aber neu interpretiert und mit internationalen Einflüssen mischt.

Traditionelle, unverkennbar **nordirische Gerichte** sind z. B. *champ,* ein cremiger Kartoffelbrei mit Frühlingszwiebeln, *dulse,* Seetang, der entweder getrocknet geknabbert oder als Zutat zu Backwaren, Käse usw. hinzugefügt wird, oder *wheaten bread,* ein braunes Sodabrot mit Buttermilch, das im Rest von Irland *soda bread* genannt wird. Eine Belfaster Spezialität ist das *Belfast bap,* eine großes, weißes Brötchen, das gern mit allen möglichen Füllungen als Mittagsmahlzeit oder Snack gegessen wird.

Die wohl wichtigste Mahlzeit des Tages ist das **Ulster Fry**, das üppige **Frühstück**, das die meisten Nordiren eher am Wochenende zu sich nehmen. Anders als beim bekannten englischen Frühstück gehören hier nicht nur gebratene Eier, Speck, Würstchen, Tomate und gebackene Bohnen auf den Teller, es gibt auch gebratene Scheiben *black pudding* (Blutwurst) und *white pudding* (Grützwurst) dazu. Nicht fehlen dürfen die typisch nordirischen Brotsorten, die

Backwarenauslage im St. George's Market 7

Gastro- und Nightlife-Areale

Bläulich hervorgehobene Bereiche in den Karten kennzeichnen Gebiete mit einem dichten Angebot an Restaurants, Bars, Clubs, Discos etc.

den Frühstückstoast ersetzen: *potato bread* (Kartoffelbrot) und *soda bread,* für das Backsoda statt Hefe verwendet wird. Beide werden in Form von flachen, fladenbrotähnlichen Schnitten, sog. *farls,* serviert. Manchmal liegt auch noch ein süßer Pfannkuchen auf dem Teller.

Die populärste **Biersorte** auf der Insel Irland ist Stout, ein schwarzes Bier mit Schaumkrone. Guinness, das bei Weitem erfolgreichste Stout-Bier, bekommt man in fast jedem Pub Belfasts. Andere verbreitete irische Biere, die es vielerorts vom Fass gibt, sind das rötlich aussehende Ale Smithwick's (ausgesprochen „Smithick's") sowie das helle Lager Harp. **Craft-Biere** von Kleinbrauereien erfreuen sich immer größerer Beliebtheit. Die 2014 in Belfast gegründete Hercules Brewery Company knüpft an die lokale Bierbrautradition des 19. Jh. an, als es bereits eine Brauerei dieses Namens gab. Von ihr stammen das Yardsman Craft Lager und Belfast Pale Ale. Eine weitere Belfaster Kleinbrauerei ist die ebenfalls 2014 gegründete Boundary Brewing Company, deren Biere nordamerikanischen, französischen und belgischen Vorbildern folgen. Beliebte Getränke sind zudem **Whiskey** (in Irland mit -ey geschrieben), vor allem jener aus der nahegelegenen Bushmills-Brennerei, das Apfelwein-Getränk **Cider** sowie der Wacholderschnaps **Gin.**

In Belfast gibt es eine riesige Auswahl an **Restaurants.** Anders als gewohnt, setzt man sich hier nicht selbst an einen Tisch, sondern wartet am Eingang, bis einem ein Tisch zugewiesen wird. Wenn der nicht gefällt, kann man allerdings auch höflich um einen anderen bitten. Zu Stoßzeiten kommt es häufig vor, dass man auf einen Tisch warten muss, weshalb viele Restaurants am Eingang eine Warteecke mit Sofas oder anderen bequemen Sitzmöglichkeiten haben. Am Wochenende sollte man aber unbedingt vorbuchen, um keine Enttäuschung zu erleben.

Ein **Trinkgeld** (engl. *tip*) von etwa 10 % ist in Restaurants dann üblich, wenn ein Kellner an den Tisch kommt und die Bestellung aufnimmt und in der Rechnung kein separates Bedienungsgeld *(service charge)* aufgeführt ist. Wenn man mit Karte zahlt, gibt es am Kartengerät manchmal die Option, selber ein Trinkgeld hinzuzufügen. Alternativ kann man den Kellner bitten, den Betrag entsprechend zu erhöhen. Ansonsten lässt man das Geld auf dem Tisch oder dem Teller mit der Rechnung liegen. In Gaststätten, in denen man sein Essen am Tresen bestellt und bezahlt, steht manchmal ein Gefäß für Trinkgelder, in das man ein paar Münzen hineinwerfen kann, wenn man möchte. Gänzlich unüblich ist Trinkgeld allerdings in reinen Pubs.

Restaurants

Auch in den meisten Pubs (s. S. 80) kann man speisen. Dort bekommt man etwas einfacher gehaltenes *pub food.*

23 [B5] **Archana** ££, 53 Dublin Road, BT2 7HE, Tel. 028 90323713, www.archana.co.uk, geöffnet: tgl. 17–22 Uhr. Seit fast 40 Jahren bietet dieses kleine Restaurant indische Küche vom Feinsten zu sehr moderaten Preisen. Der Schwerpunkt liegt auf den Spezialitäten des Punjab. Die Speisekarte ist umfangreich und hat auch eine riesige vegetarische und vegane Auswahl.

24 [B3] **Bank Square Brasserie** £££, 56–58 Berry Street, BT1 1FJ, Tel. 028 90333331, www.banksqbrasserie.

Preiskategorien
für ein Hauptgericht ohne Getränk

£	bis 10 £
££	11 bis 20 £
£££	ab 21 £

co.uk, geöffnet: Mo.–Do. 12–21 Uhr, Fr., Sa. 12–22 Uhr. Etwas versteckt hinter dem Castle Court Shopping Centre befindet sich dieses interessante Restaurant. Die Speisekarte bietet internationale Küche aus vorwiegend regionalen Zutaten, inklusive einer guten Auswahl veganer Gerichte. Auch wegen seiner opulenten Einrichtung ist das Lokal sehenswert: Die säulengestützte Decke, von der üppige Kronleuchter hängen, ist mit bunten Fliesen und goldenem Stuck verziert, was im Kontrast zu den roten Backsteinwänden steht. Man sitzt auf roten, gepolsterten Stühlen.

› **Benedict's Restaurant** ££, im Benedict's of Belfast (s. S. 128), www.benedicts hotel.co.uk/restaurants-in-belfast, Tel. 028 90591999, geöffnet: Mo.–Fr. 12–15.30, 17–21.15, Sa. 12–15, 17–21.30, So. 12–20.30 Uhr. Hervorragende international inspirierte Küche zu sehr moderaten Preisen. Auch vegetarische und vegane Gerichte. Das Glanzstück des Raums, der sich über viele Ebenen mit kleinen Treppen hier und da erstreckt, ist die imposante Bar in der Mitte. Die opulente Einrichtung mit Back- und Naturstein, Holzvertäfelungen und Goldverzierungen wirkt wie eine Mischung aus Kirche und mittelalterlicher Burg.

25 [cj] **Blank** £££, 43 Malone Road, BT9 6RX, Tel. 028 90406399, https://blankbelfast.com, geöffnet: Mi.–Sa. 17–1, So. 13–14.15 Uhr, feste Zeiten je nach Menüwahl. Dieses Restaurant ist etwas für Abenteuerlustige. Der Name (*blank* = „leer") verrät bereits, dass es sich hier um eine etwas andere Restauranterfahrung handelt: Man bucht eine „Menüerfahrung" (auch vegetarisch, vegan oder andere Präferenzen), ohne zu wissen, was genau auf den Tisch kommt. Garantiert ist allerdings, dass die Zutaten frisch sind und von der grünen Insel stammen – ein interessantes Konzept, aber nicht ganz billig.

26 [B4] **Café Parisien** ££-£££, Cleaver House, 1–3 Donegall Square, BT1 5GA, www.cafeparisienbelfast.com, Tel. 028 95904338, Do.–Sa. 12–22, So. 10–22 Uhr. Einst ein bekanntes und beliebtes Kaufhaus, beherbergt das markante Gebäude aus dem Jahr 1888 nun ein Restaurant. Dieses verbindet traditionelles Pariser Caféambiente mit modernen Industrieschick-Elementen. Tagsüber gibt es eine einfache Mittagsspeisekarte (z. B. Croque Monsieur, Moules Marnières, Beef Burger) und abends gehobene französische Brasserie-Küche. Man kann aber auch einen französisch inspirierten Nachmittagstee zu sich nehmen, eine eigentlich sehr britische Tradition. Sonntags gibt es *bottomless brunch,* also eine Kombination aus Frühstück- und Mittagessen mit beliebig vielen Gängen. Beim Essen kann man eine der besten Aussichten der Stadt direkt auf die City Hall genießen. Noch besser ist es, wenn man sich bei schönem Wetter auf der Außenterrasse niederlassen und zusätzlich auch noch die unten vorbeigehenden Menschen beobachten kann.

27 [B4] **Deanes** £££, 28–40 Howard St, BT1 6PF, Tel. 028 90331134, www.michaeldeane.co.uk, geöffnet: Love Fish Di., Mi. 12–15, Do., Fr. 12–15, 17–21.30, Sa. 12–22 Uhr, Meat Locker Di. 17–21.30, Mi.–Fr. 12–15, 17–21.30, Sa. 12–22 Uhr, Eipic Do. 18–21, Fr. 12–13.30, Sa. 12–13.30, 18–21 Uhr. Hier hat man die Qual der Wahl zwischen den drei sich nebenei-

092bf ©Shawn Williams, stock.adobe.com

nander befindenden Restaurants des mit Michelinstern gekürten Starkochs Michael Deane: ein Fischrestaurant (Deanes Love Fish), ein Grillrestaurant (Deanes Meat Locker) und eins für gehobene europäische Küche (Deanes Eipic). Das Ambiente in jedem Restaurant ist deutlich anders, die Qualität der Küche jedoch gleich hoch. Die beste vegane Auswahl gibt es in Love Fish, die anderen Restaurants haben aber auch ein vegetarisches Angebot.

28 [C2] **Dumpling Library** ££, 6 St Annes Square, BT1 2LR, Tel. 028 96919222, https://www.dumplinglibrary.co.uk, geöffnet: Mo.–Fr. 12–14.45, 17–22.30, Sa. ab 13, So. 13.30–22 Uhr. Das Konzept ist einfach: Außer einer Reihe an Hauptgerichten gibt es eine Vielzahl kleiner asiatischer Gerichte, von denen man am besten eine Auswahl bestellt und miteinander teilt. Die Karte bietet alles von chinesischen Teigtaschen und gefüllten gedämpften Brötchen (Bao) über koreanische Frühlingsrollen und thailändische Fischfrikadellen bis hin zu japanischem Katsu-Curry. Die Getränkekarte ist genauso lang wie die Speisekarte und in der offenen Küche kann man zusehen, wie die Gerichte zubereitet werden.

29 [A5] **Ginger Bistro** £££, 68/72 Great Victoria Street, BT2 7AF, Tel. 028 90244421, www.gingerbistro.com, geöffnet: Mi. 17–21.15, Do. 16–21.15, Fr., Sa. 12–21.30 Uhr. Etwas abseits der Ausgehviertel ist dieses Restaurant ein guter Tipp, denn es hat schon eine ganze Reihe Preise gewonnen. Ein Besuch lohnt also unbedingt. Die Einrichtung ist freundlich und an den Wänden hängen Werke regionaler Künstler, die zum Verkauf stehen. Korblampen und die geflieste Bar runden das Bild ab. Es gibt viel Fisch, aber auch vegane und glutenfreie Speisen, vieles aus lokaler Produktion. Die Gerichte kommen elegant und ansprechend angerichtet auf den Tisch.

30 [B4] **Home** ££, 22 Wellington Place, BT1 6GE, Tel. 028 90234946, www.homebelfast.co.uk, geöffnet: Mo.–Sa. 12–21.30, So. 13–21.30 Uhr. Das Home ist eines der beliebtesten Restaurants der Stadt und Vorbuchen ist ein Muss. Mit einer großen Auswahl an Optionen (vegan, vegetarisch, glutenfrei). Die Stimmung ist freundlich und unkompliziert und das Essen eine erfrischende Kombination aus regionaler und internationaler Küche. Die Dessertkarte ist auch unbedingt einen Blick wert.

31 [C2] **House of Zen** ££, 3 St. Anne's Square, BT1 2LR, Tel. 028 90278688, www.houseofzenbelfast.co.uk, geöffnet: Mo.–Fr. 12–22.30, Sa. 13–23, So. 13.30–22 Uhr. Schon beim Eintreten in das eher ungewöhnliche chinesische Restaurant stößt man auf die elegant beleuchtete Cocktailbar mit ihrer plätschernden Wasserinstallation. Das Innere des Restaurants macht mit dem gedämpften Licht und der in vorwiegend warmen Holz- und Blautönen mit roten Farbtupfern gehaltenen Einrichtung dem Namen alle Ehre. Die Speisekarte ist vielfältig und hervorragende chinesische Küche wird modern interpretiert. Also, die Seele baumeln lassen und genießen!

Deanes (s. S. 73) bietet gleich drei Lokale zur Auswahl

047bf-fk

32 [A4] **Howard Street** £££, 56 Howard Street, BT1 6PG, Tel. 028 90248362, www.howardstbelfast.com, geöffnet: Di.-Sa. 17 Uhr bis spät am Abend. Chefkoch Marty Murphy serviert hervorragende international inspirierte Kreationen in entspannter Atmosphäre. So findet man Klassiker wie Fish'n'Chips, aber auch Thai Curry. Während man auf das Essen wartet, kann man einen der interessanten Cocktails probieren.

33 [B4] **James Street** £££, 19-21 James Street South, BT2 7GA, Tel. 028 95600700, www.jamesst.co.uk, geöffnet: Mo., Do. ab 17, Fr.-So. ab 13 Uhr bis spät am Abend. Dieses Restaurant ist eine der angesagtesten Adressen in Belfast. Man speist in elegant moderner Einrichtung und Chefkoch Monteiro Agostinho bringt klassische Küche und Grillgerichte mit einem deutlich spürbaren irischen Einfluss auf den Tisch. So sind nicht nur viele der Zutaten regionaler Herkunft, man findet auch immer wieder irische Spezialitäten wie verschiedene Arten Seetang *(kelp, dulse)* oder das Kartoffelgericht *champ* auf der Speisekarte.

34 [B7] **Molly's Yard** £££, 1 College Green Mews, Botanic Ave, BT7 1LW, Tel. 028 90322600, www.mollysyard.co.uk, geöffnet: Mo.-Sa. 12-20.45 Uhr. Sehr beliebtes kleines Restaurant im Univiertel mit moderner irischer, international inspirierter Küche. Der Eingang erinnert eher an einen Hinterhof, bevor man in das gemütliche, in hellen Farben dekorierte Lokal eintritt. Die Gerichte sind ausgezeichnet und mit Liebe angerichtet und es gibt eine separate vegetarische und vegane Speisekarte. Die Auswahl an Biersorten ist hervorragend.

35 [B3] **Mourne Seafood Bar** £££, 34-36 Bank Street, BT1 1HL, Tel. 028 90248544, geöffnet: Di.-Do. 12-15.15, 17-21.30, Fr., Sa. 12-15.15, 17-22, So. 13-18 Uhr. Wer Fisch und Meeresfrüchte liebt, kommt an diesem Restaurant nicht vorbei. Seit Jahren eine Institution in Belfast, bekommt man hier Fangfrisches und Muscheln von den eigenen Muschelbänken auf den Teller. Man kann einfach an der Bar ein halbes Dutzend Austern schlürfen oder sich die ständig wechselnden Tagesgerichte schmecken lassen, die Traditionelles wie Hummer mit Pommes und Salat oder auch Lachsfilet mit Süßkartoffeln und

Das beliebte Molly's Yard findet sich im Univiertel

indischen Linsen bieten. Es gibt auch einige Fleischgerichte und Veganes.

36 [C3] **Ox** £££, 1 Oxford Street, BT1 3LA, Tel. 028 90314121, http://oxbelfast.com, geöffnet: Mi. 18–21.30, Do.–Sa. 12–14.30, 18–21.30 Uhr. Belfast trifft auf französische Küche – so könnte man den Stil dieses Restaurants, das von zwei Köchen mit genau dem jeweiligen Hintergrund betrieben wird, beschreiben. Wert gelegt wird vor allem auf Saisonalität und Spitzenqualität, was sich in der Michelinstern-Auszeichnung und zahlreichen anderen Preisen widerspiegelt. Je nach Tageszeit werden zwei bis fünf Gänge angeboten und es gibt eine gute Auswahl an Weinen, Gins und Whiskeys.

37 [C3] **Tetto** £££, Bullitt Hotel, 40a Church Lane, BT1 4QN, Tel. 028 95900600, https://bullitthotel.com/eat-drink/tetto, geöffnet: Mi.–Fr. ab 17, Sa., So. ab 12 Uhr, Tetto Garden: Mo.–Fr. ab 15, Sa., So. ab 14 Uhr. Schickes Restaurant mit Bar auf der Dachterrasse. Der Schwerpunkt liegt auf Fisch und Meeresfrüchten mit italienisch-mediterraner Note. Außerdem gibt es eine Auswahl an Pizzen. Man bekommt aber auch kreative Cocktails und am Wochenende gibt es Livemusik. Der Dachgarten hat nicht nur eine gute Aussicht, sondern auch begrünte Mauern.

38 [C3] **The Great Room Restaurant at the Merchant Hotel** £££, 16 Skipper Street, BT1 2DZ, Tel. 028 90234888, www.themerchanthotel.com, geöffnet: Mo.–Do. 7–22, Fr., Sa. 7–22.30, So. 7–20.30 Uhr. Hier kann man umgeben von der Pracht des viktorianischen Dekors stilvoll unter einer Glaskuppel und – so das Hotel – Irlands größtem Kronleuchter dinieren. Das hochgelobte Restaurant serviert französisch inspirierte, gehobene Küche. Man kann auch zum traditionellen Nachmittagstee einkehren. Es gibt eine separate vegetarisch/vegane Karte. Wer es nicht ganz so schick möchte, hat außerdem die Wahl zwischen dem angeschlossenen Pub The Cloth Ear, der Cocktail-Bar sowie Berts Jazz Bar im Art-déco-Stil.

Cafés und Bistros

39 [A6] **Alan's Causeway Café** £, 22–32 Donegall Road, BT12 5JN, Tel. 028 90328292, www.causewaycafe.co.uk, geöffnet: tgl. 7.55–14 Uhr. Dieses einfache Frühstücks- und Brunchcafé ist genau der richtige Ort, um sich angemessen und zu sehr moderaten Preisen für die Aktivitäten des Tages zu stärken: Bei vier Seiten Frühstücksauswahl auf der Speisekarte bleibt kaum ein Wunsch offen, egal ob einem der Sinn nach einem *Ulster Fry*, einem Bagel, Croissants oder nach einer Schüssel dampfendem *porridge* steht. Separate vegane Speisekarte.

40 [C3] **Bright's** ££, 23–25 High Street, BT1 2AA, Tel. 028 90245688, www.brightsrestaurantbelfast.co.uk, geöffnet: Mo.–Sa. 9–17.30 Uhr. Dieser beliebte *coffee shop* hat nach einer Renovierung ein modernes und urbanes Gesicht bekommen. Man kann sich aber immer noch auf die bodenständige, irische Küche verlassen. So bekommt man das traditionelle *Ulster Fry* in allen erdenklichen Variationen, es gibt Fish & Chips und Hamburger. Die umfangreiche Speisekarte wird außerdem ergänzt durch eine gute Auswahl an asiatischen Gerichten, Pizzas, Burritos, Salaten und einige vegetarische Gerichte.

41 [C3] **Dark Horse Coffee House** £, 30–34 Hill Street, BT1 2LB, Tel. 028 90237807, https://dukeofyorkbelfast.com/venues/the-dark-horse, geöffnet: Mo.–Fr. 9–17, Sa. 10–18 Uhr. In diesem Café glaubt man, in eine andere Zeit einzutauchen. Die Decken und Wände sind holzvertäfelt und verziert, der Boden besteht aus viktorianischen Mosaikflie-

MEINE TIPPS

Der erste Kaffee

Frühstücken ist in Nordirland vor allem am Wochenende eine deftige Angelegenheit. Ein *Ulster fry* (s. S. 71) hält eine Weile vor. Aber auch, wenn einem der Sinn nach etwas Leichterem steht, gibt es genug Auswahl, z. B.:

- **Benedict's Restaurant** (s. S. 73)
- **Bright's** (s. S. 76)
- **Harlem** (s. S. 78)
- **Maggie Mays** (s. S. 78)
- **The National** (s. S. 79)

Essen mit Aussicht

- **Café Parisien** (s. S. 73). Auf der Terrasse im ersten Stock hat man eine hervorragende Aussicht auf die City Hall und kann von oben die vorbeigehenden Leute beobachten.
- **Cutters Wharf** (s. S. 80). Wunderbarer Ausblick über den Fluss Lagan.
- **Tetto** (s. S. 76). Schöne Aussicht über die Stadt vom Dachgarten.

Lecker vegan und vegetarisch

Vegetarier und Veganer kommen in Belfast nicht zu kurz. In den meisten Restaurants bekommt man zumindest ein oder zwei passende Gerichte, vielerorts gibt es eine eigene Speisekarte. Oft gilt: Je „traditioneller" das Restaurant oder Café bzw. je weiter außerhalb der Stadt, desto kleiner die Auswahl. Verhungern wird man aber bestimmt nicht und sollte es einmal nichts Geeignetes auf der Karte geben, kann die Küche oft etwas zaubern, wenn man freundlich nachfragt.

- **Alan's Causeway Café** (s. S. 76): große vegane Frühstücks- und Brunchauswahl, auch glutenfreie Optionen
- **Archana** (s. S. 72): Reiche Auswahl indischer Gerichte, von denen man viele auf Wunsch auch vegetarisch oder vegan bekommt.
- **Bank Square Brasserie** (s. S. 72): Es gibt ein *vegan and vegetarian menu.*
- **Boojum** (s. S. 79): gute vegetarische Auswahl an Burrito-Füllungen, auch gut für Veganer geeignet
- **Deanes Love Fish** (s. S. 73): Obwohl auf Fisch spezialisiert, gibt es eine vegetarisch/vegane Speisekarte.
- **Home** (s. S. 74): separate Karten für vegetarische, vegane und glutenfreie Speisen
- **Maggie Mays Chippy** (s. S. 79): Imbiss mit sehr reichhaltigem vegetarisch/veganem Angebot
- **Molly's Yard** (s. S. 75): umfangreiche vegetarisch/vegane Karte
- **The Great Room Restaurant at the Merchant's Hotel** (s. S. 76): Vegetarische/vegane Speisekarte *(plant based lunch)*. Vegetarische Gerichte können „veganisiert" werden.
- **The Lamppost Café** (s. S. 78): Besonders zu empfehlen ist der *afternoon tea,* der vegetarisch, vegan oder glutenfrei zu haben ist.
- **The National** (s. S. 79): gute Auswahl veganer Gerichte auf der Speisekarte.

Für den späten Hunger

Wen der Hunger später am Abend erwischt, der muss sich in Belfast keine Sorgen machen, denn man ist hinreichend versorgt. Viele der erwähnten Cafés und Imbisse servieren bis spät am Abend Essen. Für richtige Nachtschwärmer gibt es außerdem:

- **Little Wing Pizza Hatch** £, Pizzaverkauf aus einer Bude heraus im Biergarten von The National (s. S. 79), Fr. 18–2.30, Sa. 16–2.30 Uhr

42 [A5] **Nora's Palace** £, 8–10 Amelia St, BT2 7GS, Tel. 028 90310888, https://noraspalaceonline.com, geöffnet: tgl. 17–2 Uhr. Imbiss mit vielen mediterranen Gerichten, auch vegan.

sen, die aus Holz geschnitzte Bar wird mit rot beschirmten Lampen gedämpft beleuchtet, es gibt rote Lederstühle und überall findet man antike Spiegel und andere Stücke aus dem alten Belfast. Eine Tür ist mit Game-of-Thrones-Schnitzereien verziert. Das Ambiente erinnert an einen gediegenen Club, dennoch gibt es eine moderne und gute Kaffee- und Teeauswahl und man kann neben Kuchen und Keksen auch Suppe, Sandwichs und andere kleine Mahlzeiten zu sich nehmen oder ein Bier trinken. Ein guter Ort, um sich gemütlich eine Weile niederzulassen.

43 [C2] **Established Coffee** £, 54 Hill Street, BT1 2LB, Tel. 028 90319416, https://established.coffee/pages/the-cafe, geöffnet: Mo.–Fr. 7–16.30, Sa., So. 8–16.30 Uhr. Trendiges Café mit eigener Rösterei und Kaffeeverkauf. Hier kann man sich gut mit einer Zeitung zum Frühstückscroissant oder Nachmittagskaffee niederlassen und durch die großen Fenster den vorbeigehenden Leuten zusehen. Die Frühstücksauswahl umfasst außer den obligatorischen Komponenten eines typisch irischen Frühstücks (s. S. 71) auch Porridge, Müsli oder Toast mit verschiedenen Beilagen. Es gibt auch eine gute vegetarische/vegane Auswahl. Die Suppe ist z. B. immer vegan und wird mit einem großen Stück frischem Sauerteigbrot serviert.

44 [B5] **Harlem** ££, 34 Bedford Street, BT2 7FF, Tel. 028 90244860, Facebook: Harlem Belfast, geöffnet: So.–Fr. 9–15, Sa. 9–15, 17–23 Uhr. Im Harlem ist man zum Frühstück und Lunch bestens aufgehoben. Die Frühstückskarte ist umfangreich und mittags kann man entweder immer noch das traditionelle Frühstück oder Sandwichs, Suppen, *pies* oder Quiches zu sich nehmen. Das Lokal hat eine behagliche Atmosphäre zwischen Wohnzimmer und Antikladen, ohne jedoch altmodisch zu wirken. Die Wände hängen voll mit gerahmten Bildern, überall finden sich ausgefallene Lampen und andere Sammlerstücke und im Regal gibt es eine kleine Teekannensammlung.

45 [B7] **Maggie Mays** £-££, 50 Botanic Avenue, BT7 1JR, Tel. 028 90322662, https://maggiemaysbelfast.com, geöffnet: Mo.–Fr. 8–20.30, Sa., So. 9–20.30 Uhr. In den Cafés dieser beliebten Kette wird man zu jeder Tageszeit gut und preiswert kulinarisch versorgt. Die Frühstücksauswahl reicht von Bagels über Pfannkuchen und warmes *porridge* bis zum traditionellen *Ulster Fry*. Ansonsten gibt es Hamburger, Chili, Ofenkartoffeln und eine Fülle an anderen deftigen Gerichten sowie eine sehr umfangreiche vegetarisch-vegane Speisekarte. Auch Naschkatzen kommen bei einer guten Kuchen- und Dessertauswahl auf ihre Kosten. Filialen:

46 [B3] **Maggie Mays Café City Centre** £-££, 44 Castle Street, BT1 1HB, Tel. 028 95433361, geöffnet: Mo.–Fr. 8–18.30, Sa., So. 10–18.30 Uhr.

47 [A8] **Maggie Mays Café Malone** £-££, 2 Malone Road, BT9 5BN, Tel. 028 90668515, geöffnet: Mo.–Fr. 8–20.30, Sa., So. 9–20.30 Uhr

48 [eh] **The Lamppost Café** ££, 19 Upper Newtownards Rd, BT4 3HT, Tel. 074 93829671, www.thelamppostcafe.com, geöffnet: Fr., Sa. ab 10 Uhr, So. 10–16 Uhr. Wer am Wochenende East Belfast erkundet, sollte sich zum Brunch oder Mittagessen in diesem netten Café niederlassen. Von Belfaster Klassikern wie dem *Belfast bap* (auch vegan) oder einem irischen Frühstück (auch am Nachmittag) bis zur Sushi Bowl oder Stew nach eigenem Familienrezept gibt es hier hervorragendes Essen zu moderaten Preisen. Für besondere Anlässe kann man auch einen traditionellen *afternoon tea* buchen (auch vegan oder glutenfrei), bei dem man sich mit Sandwiches,

Scones und anderen Köstlichkeiten verwöhnen lassen kann.

49 [C3] **The National** ££, 62–68 High Street, BT1 2BE, Tel. 028 90311130, www.thenationalbelfast.com, geöffnet: tgl. 10 Uhr bis spät abends, warme Küche nur bis 16 Uhr bzw. Pizza im Biergarten Fr. 18–2.30, Sa. 16–2.30 Uhr. The National befindet sich in einem ehemaligen Bankgebäude aus dem 19. Jh. und bietet ein Rundumpaket für den ganzen Tag: Man kann hervorragend frühstücken, zu Mittag essen oder Kaffee trinken und dabei gemütlich die Zeitung lesen oder am Laptop tippen. Essen kann man abends meist nicht mehr, dafür aber im großen Biergarten den Abend ausklingen lassen. Freitag- und samstagabend gibt es einen Pizzastand.Die Einrichtung ist urban-industriell mit viel Metall, Holz und Backsteinwänden, an denen moderne Drucke hängen, und durch das große Glasdach strömt auch an bedeckten Tagen das Licht.

50 [C4] **The Pocket** £, 68 Upper Church Lane, BT1 4QL, Tel. 077 88878525, www.thepocket.coffee, geöffnet: Mo.–Fr. 8.30–15, Sa. 8.30–16, So. 9–16 Uhr. Gemütliches Café in einem historischen Gebäude, gleich um die Ecke von Bittles Bar (s. S. 80) mit großen Fenstern und Pflanzendeko. Ein hervorragender Ort für einen ausgedehnten Brunch oder ein Mittagessen.

Imbiss und Take-away

51 [A7] **Boojum** £, 67–69 Botanic Ave, BT7 1JL, Tel. 028 90315334, www.boojummex.com, geöffnet: tgl. 11.30–22.30 Uhr. Dieses kleine Schnellrestaurant mit mexikanischen Köstlichkeiten erfreut sich in Belfast höchster Beliebtheit. Teilweise reichten die Schlangen der Hungrigen bis auf die Straße hinaus und mittlerweile gibt es mehrere Filialen. Man lässt sich das Essen – Burritos, Reis- oder Salatschüsseln – nach Wunsch zusammenstellen und kann die vegetarischen oder fleischigen Füllungen und Extrazutaten selbst auswählen. Auf keinen Fall die Servietten vergessen, wenn man einen Burrito gewählt hat!

52 [A4] **John Long's Fish & Chips Restaurant** £, 39 Athol St, BT12 4GX, Tel. 028 90321848, www.johnlongs.com, geöffnet: Di.–Fr. 12–18.30, Sa. 12–18 Uhr. Wer traditionelles Fish & Chips in ausgezeichneter Qualität probieren möchte, ist hier and der richtigen Adresse. Als vegetarische Alternative gibt es gegrilltes Chilli Halloumi. Nicht weit von der City Hall, die Fassade und Einrichtung eher unscheinbar asketisch, ist Long's seit mehr als hundert Jahren eines der beliebtesten Fish-&-Chips-Restaurants der Stadt.

53 [A7] **Maggie Mays Chippy** £, 30 University Rd, BT7 1NH, Tel. 028 90139529, https://maggiemaysbelfast.com/belfast-chippy, geöffnet: tgl. 10–22.30 Uhr. Der neuste „Ableger" der beliebten Maggie-Mays-Cafés zeigt sich in Gestalt eines Fish'n'Chip-Shops. Allerdings wird hier deutlich mehr geboten als traditionell üblich. Es gibt Pommes in allen möglichen Variationen, z. B. *posh chips* mit Jalapenos und Avocado oder *dirty fries* mit Hühnchen, Käse, Knoblauchmayo und scharfer Soße. Außerdem sind verschiedene Burger, Frühstücksgerichte, Shakes und Kuchen im Angebot. Vegetarier und Veganer kommen auch nicht zu kurz.

54 [B3] **Obento** £–££, 17 Royal Avenue, BT1 1FB, Tel. 028 90434625, Facebook: Obento Japanese Express, geöffnet: Mo.–Sa. 10–20 Uhr, So. 11–19 Uhr. Dieses kleine japanische Schnellrestaurant serviert nur wenige Gehminuten von der City Hall entfernt Sushi, traditionelle Bento-Boxen und Nudelsuppen – ein perfekter Ort für eine Essenspause beim Stadtbummel.

Belfast am Abend

Das Belfaster Nachtleben hat für jeden Geschmack etwas zu bieten, egal ob man gern gemütlich bei einer traditionellen Musiksession in der Kneipe sitzt, tanzt und feiert oder lieber eine Theater- oder Comedy-Vorstellung besucht. Oft kann man die Veranstaltungsorte nicht klar einer Kategorie zuordnen, da häufig mehrere Darbietungen verschiedener Art unter einem Dach stattfinden. So gibt es in vielen Bars und Pubs kostenlose „sessions" (Musikdarbietungen, manchmal mit traditioneller, irischer Musik), aber manchmal auch Comedy oder Konzerte. Hier kann man normalerweise auch essen. Größere Bars und Clubs haben meist mehrere Räume, in denen Partys und Konzerte verschiedener Musikrichtungen stattfinden. Die wichtigsten Ausgehareale sind im Kathedralenviertel und im Universitätsviertel zu finden, aber auch um den Donegall Square nicht weit von der City Hall und Richtung Dublin Road gibt es einiges an Unterhaltungsmöglichkeiten.

Bars und Pubs

55 [C4] **Bittles Bar** £, 70 Upper Church Lane, BT1 4EL, Tel. 028 90311088, www.facebook.com/BittlesBar, geöffnet: Mo.–Sa. 12–1.30 Uhr, So. 12.30–24 Uhr. Urige Kneipe mit dreieckigem Barraum, in dem Bilder eines lokalen Künstlers an den Wänden und von der Decke hängen. Man kann es sich auf Kissen und gepolsterten Sitzen gemütlich machen und sich durch die hervorragende Auswahl an Bier und Whiskey durchprobieren.

4 [A5] **Crown Liquor Saloon** ££, geöffnet: tgl. 11.30–24 Uhr. Belfasts wohl berühmteste Kneipe gehört als Sehenswürdigkeit einfach zu einem Besuch in der Stadt. Wer aber ein bisschen Zeit mitbringt, sollte sich bei einem Glas gemütlich niederlassen und die gediegene Atmosphäre genießen.

56 [cj] **Cutters Wharf** ££, 4 Lockview Road, BT9 5FJ, Tel. 028 90805100, www.cutterswharf.co.uk, geöffnet: Mo.–Do. 12–23, Fr., Sa. 12–1, So. 12–22 Uhr. Wer der Geschäftigkeit der Innenstadt für eine Weile entgehen möchte, der ist in dieser Gaststätte direkt am Fluss Lagan etwas südlich des Botanischen Gartens genau richtig. Im oberen Stock gibt es ein Restaurant und unten eine Bar, die nicht nur die üblichen Biersorten und kleine Gerichte im Angebot hat, sondern auch mit einer jeweils eigenen Wein-, Cocktail- und Ginkarte auftrumpfen kann. Bei schönem Wetter lässt es sich hier gemütlich am Fluss sitzen. Allerdings kann es auch recht voll werden, besonders, wenn es eine Grillparty oder Livemusik gibt.

57 [C3] **Dirty Onion** £, 3 Hill Street, BT1 2LA, Tel. 028 90243712, www.thedirtyonion.com, geöffnet: Mo.–Sa. 12–1 Uhr, So. 12–24 Uhr. In dieser gemütlichen Kneipe kommen vor allem Musikliebhaber auf ihre Kosten: Jeden Abend gibt es entweder eine *session* oder ein Konzert, meist mit traditioneller irischer Musik. Die Atmosphäre in diesem ehemaligen Whiskey-Lagerhaus rangiert zwischen traditionellem und urban-industriellem Schick. Im Sommer trinkt man sein *pint* aber am Besten im Biergarten im Innenhof.

58 [B3] **Duke of York** £, 7–11 Commercial Court, BT1 2NB, Tel. 028 90241062, www.dukeofyorkbelfast.com, geöffnet: Mo.–Sa. 11.30–1, So.

Der Tresen in Bittles Bar

13–21 Uhr. Diese traditionelle Kneipe gehört schon seit Jahrzehnten fest zur Belfaster Szene. Donnerstags bis sonntags gibt es Livemusik und viele bekannte Bands haben hier schon gespielt. Der Innenraum ist voll mit Spiegeln und Bildern, die sowohl die Wände als auch die Decke zieren, und es findet sich eine Vielzahl an Belfaster Memorabilien. Man kann auch draußen entlang der Straße auf einer der Bänke Platz nehmen, wenn man sein Bier lieber im Freien genießen möchte. Der spätere Sinn-Féin-Vorsitzende Gerry Adams hat hier übrigens Ende der 1960er-Jahre hinter dem Tresen gearbeitet.

59 [B3] **John Hewitt** £, 51 Donegall Street, BT1 2FH, Tel. 028 90233768, www.thejohnhewitt.com, geöffnet: Di.–Do. 12–24, Fr., Sa. 12–1, So. 13–19 Uhr. Dieses traditionelle Pub serviert gute und preiswerte kleine Gerichte und hat eine hervorragende Auswahl an Bier und Gin. Ungewöhnlich ist, dass es vom Belfast Unemployed Resource Centre, einem Zentrum für Arbeitslose, auf nichtkommerzieller Basis betrieben wird. 1983 wurde es von dem mittlerweile verstorbenen Dichter John Hewitt eröffnet und nach ihm benannt. Werke lokaler Künstler hängen an den Wänden und fast jeden Abend gibt es Livemusik.

60 [B3] **Kelly's Cellars** £, 30–32 Bank Street, BT1 1HL, Tel. 028 90246058, https://kellyscellars.co.uk, geöffnet: Mo.–Sa. 11.30–1, So. 13–24 Uhr. Kelly's ist eins der traditionsreichsten Pubs der Stadt. Mit seinen geweißten Steinwänden und den dunklen Deckenbalken sieht man dem Gebäude seine über 300 Jahre Geschichte durchaus an und 1798 sollen sich hier die United Irishmen getroffen haben, um die Rebellion gegen die Herrschaft der englischen Krone vorzubereiten. Vor allem bei Fans traditioneller irischer Musik ist Kelly's beliebt, denn mehrmals die Woche (dienstag- bis sonntagabends und samstagnachmittags) gibt es *sessions.* Was gerade auf dem Programm steht, erfährt man am besten auf der Facebookseite (www.facebook.com/kellys.cellars).

61 [A6] **Lavery's** ££, 12–18 Bradbury Place, BT7 1RS, Tel. 028 90871106, www.laverysbelfast.com, geöffnet: Mo.–Do. 16–0.30, Fr., Sa. 12–1, So. 13–24 Uhr. Seit 1918 in Besitz der Familie Lavery, ist diese Bar eine Institution in Belfast und hat sich von einer einfachen Kneipe in eine ganze Ansamm-

082bf-fk

084bf-fk

⌃ *Eines der zahlreichen Pubs im Kathedralenviertel*

lung von Ausgehmöglichkeiten entwickelt. Es gibt immer noch die *Public Bar* mit ihrem traditionelleren Ambiente. Im selben Gebäude sind aber nach und nach verschiedene weitere Räume hinzugekommen. So gibt es eine rustikale Bar mit Biergarten im hinteren Teil, eine Lounge und einen Nachtclub im ersten Stock sowie eine Poolbar und zwei Dachterrassen. Regelmäßig finden Musikveranstaltungen, aber auch Comedy-Shows und Partys statt. Am besten informiert man sich auf der Website, was gerade angeboten wird.

⊙62 [C3] **McHughs Bar** ££, 29–31 Queen's Square, BT1 3FG, Tel. 028 90509999, www.mchughsbar.com, geöffnet: Mo., Di. 12–21, Mi., Do. 12–21, Fr., Sa. 12–1, So. 13–23 Uhr. Dieses traditionelle Pub befindet sich im ältesten erhaltenen Gebäude in Belfast aus dem Jahr 1711. In der rustikalen Einrichtung finden sich überall Stücke, die an die Schiffbautradition der Stadt erinnern. Der hintere Teil hat Wohnzimmeratmosphäre mit Kamin. Außerdem gibt es noch eine gemütliche Kellerbar. Freitags bis sonntags finden kostenlose *sessions* mit verschiedenen Arten traditioneller, freitags manchmal auch moderner Musik statt. Außerdem gibt es in der Kellerbar Konzerte und Partys.

⊙63 [C3] **Muriel's Café Bar** ££, 12–14 Church Lane, BT1 4QN, Tel. 028 90332455, www.facebook.com/muriels.cafebar, geöffnet: Mo. 12–24, Di.–Sa. 12–1, So. 12–24 Uhr. Benannt nach der Hutmacherin, die in dieser Straße ihren Laden hatte, hat Muriel's etwas von der Atmosphäre der 1920er-Jahre. Das Innere ist plüschig und komfortabel. Eine Kuriosität ist die Spitzenunterwäsche, die im Barraum an Wäscheleinen und von der Decke hängt. Oben gibt es mehr Tische und man kann hier nicht nur Kaffee trinken und eine Kleinigkeit essen: Es gibt auch eine große Auswahl an Gin und Cocktails. Samstagabends gibt es Musik.

⊙64 [B4] **Revolución de Cuba** ££, 25–39 Arthur Street, BT1 4GQ, Tel. 028 95909249, www.revoluciondecuba.com/bar/belfast, geöffnet: Mo.–Do. 12–1, Fr., Sa. 12–2, So. 11–24 Uhr (Essen bis 22 Uhr). Schon von außen verspricht das denkmalgeschützte Jugendstilgebäude Klasse. Tritt man ein, weiß man kaum, wo man zuerst hinschauen soll: Entsprechend dem Thema des Restaurants ist die Einrichtung kubanisch angehaucht. Zu Essen gibt es vorwiegend kubanische Gerichte und Tapas. Richtig lebendig wird es hier abends bei Cocktails und Livemusik.

65 [A5] **Robinson's Bars** ££, 38–40 Great Victoria Street, BT2 7BA, Tel. 028 90247447, www.robinsonsbar.co.uk, geöffnet: Mo.–Mi. 13.30–24, Do.–Sa. 11.30–1, So. 12.30–24 Uhr. Eine große Bar mit verschiedenen Räumen unter einem Dach: Vom traditionellen Pub über Bistro und Karaoke bis zur Poolbar gibt es etwas für jeden Geschmack. In Fibber Magee's gibt es jeden Abend traditionelle Livemusik.

66 [C3] **Spaniard** ££, 3 Skipper Street, BT1 2DZ, Tel. 028 90232448, www.instagram.com/spaniardbelfast, geöffnet: Mo.–Sa. 12–1 Uhr, So. 12–24 Uhr. Die Bar ist klein und gemütlich und beim Belfaster Publikum sehr beliebt, es kann daher ziemlich voll werden. Kann man aber einen Steh- oder sogar Sitzplatz ergattern, lohnt sich ein Besuch unbedingt. Die Einrichtung ist bunt zusammengewürfelt. So finden sich getreu dem Namen spanische Einflüsse, Plattenhüllen an der Decke und religiöse Bilder im oberen Stockwerk. Erwähnenswert ist vor allem die exzellente Auswahl an verschiedenen Rumsorten.

67 [B2] **Sunflower** ££, 65 Union Street, BT1 2JG, www.sunflowerbelfast.com, Tel. 028 90232474, geöffnet: Mo.–Mi. 12–24, Do.–Sa. 12–1, So. 13–24 Uhr. Dieses kleine Pub sieht auf den ersten Blick aus wie ein Überbleibsel aus den Zeiten des Nordirlandkonflikts: Wie früher oft üblich hat es einen Gitterkäfig vor der Tür, der 1988 nach einem Anschlag angebracht wurde. Schaut man aber genauer hin, sieht man, dass der Käfig bunt angemalt und mit Blumen dekoriert ist. Heute ist es das einzige Pub mit so einer nun eigentlich nicht mehr notwendigen Schutzvorrichtung und mittlerweile eine Touristenattraktion. Außer der wegen des Namens natürlich obligatorischen Sonnenblumen ist die Einrichtung eher einfach, aber gemütlich. Jeden Abend gibt es Livemusik-Sessions von Jazz bis zu traditioneller, irischer Musik, aber das Pub wird auch für Lesungen von Gedichten und einen monatlichen Comedy-Club genutzt. Gekocht wird auch und es gibt Pizza und Eintöpfe.

Smoker's Guide

In Nordirland ist das **Rauchen** nur noch in den **eigenen vier Wänden, im privat genutzten Auto** und **im Freien** gestattet. Es ist auch verboten, auf dem Gelände von Krankenhäusern zu rauchen, selbst unter freiem Himmel. In **Pubs** geht man zum Rauchen vor die Tür. Raucherfreundliche Außenbereiche haben u.a. Dirty Onion (s. S. 80), Duke of York (s. S. 80) und Lavery's (s. S. 81).

68 [C3] **The Jailhouse** ££, 4–5 Joy's Entry, BT1 4DR, Tel. 028 90326711, www.thejailhousebelfast.com, geöffnet: tgl. ab 12 Uhr. Das Gebäude in Joy's Entry ist der Überlieferung nach der Ort, an dem der Revolutionär Henry Joy McCracken (s. S. 101), nach dem diese Straße benannt ist, vor seiner Hinrichtung festgehalten wurde. Frisch restauriert, hat man erfolgreich versucht, so viel wie möglich von dem Charakter des alten Hauses beizubehalten: Backsteinwände, Deckenbalken und die Originalfenster tragen zur Atmosphäre bei. Man kann hier nicht nur etwas trinken, sondern es gibt auch eine kleine Speisekarte, Frühstück und Nachmittagstee. Jeden Abend wird außerdem Livemusik gespielt.

69 [B3] **White's Tavern** ££, 2–4 Winecellar Entry, BT1 1QN, Tel. 028 90312582, https://whitestavernbelfast.com, geöffnet: Mo.–Do. 11.30–1, Fr., Sa. 11.30–2, So. 11.30–24 Uhr. White's Tavern ist laut eigener Angaben das älteste Pub in Belfast und stammt aus dem 17. Jh. Unten geht es traditionell zu. Es gibt Kamine mit gemütlichen Torffeuern und regelmäßig finden *sessions* mit irischer Folkmusik statt. Im oberen Teil gibt es am Wochenende auch Musik, vor allem Rock und Indie. Außerdem wird herzhafte Hausmannskost serviert. Seit einer Renovierung 2019–2023 gibt es noch zwei weitere Räumlichkeiten und einen überdachten Biergarten.

Clubs und Musiktempel

70 [A6] **Alibi,** 23–31 Bradbury Place, BT7 1RR, Tel. 028 90233131, www.alibibelfast.com, geöffnet: Fr., Sa. ab 17 Uhr (Bar) bzw. 19–2 Uhr (Club). Im Erdgeschoss gibt es eine Bar, die sich auf Bourbon und Gin spezialisiert hat, einen Stock höher den schicken Club. Vor allem junges, hippes Publikum findet sich hier auf dem Tanzboden ein, wenn DJs auflegen oder eine Band spielt.

71 [bi] **Cuckoo Bar,** 149 Lisburn Road, BT9 7AJ, Tel. 028 90667776, www.instagram.com/cuckoobelfast1, geöffnet: tgl. 17–1 Uhr. Außer einer Bar mit Nachtclub findet sich hier noch eine Spielhalle mit Retro-Spielautomaten, ein VR-Pod, Pooltische, eine Tischtennisplatte und eine Karaokebar. Unter der Woche gibt es oft Indie und Metal, am Wochenende eher House.

72 [B6] **Empire,** 40 Botanic Avenue, BT7 1JQ, Tel. 028 90328110, www.thebelfastempire.com, geöffnet: tgl. ab 12 Uhr. Diese umgebaute Kirche aus dem 19. Jh. ist schon seit Jahrzehnten eine der ersten Anlaufstellen des Belfaster Nachtlebens. Unten gibt es eine Bar, in der einfache Gerichte serviert werden und wo jeden Dienstagabend ein beliebter Comedy Club stattfindet. Außerdem gibt es kostenlose *sessions,* Quizabende und man kann auf den großen Bildschirmen Sportveranstaltungen ansehen. In der viktorianischen Musikhalle einen Stock höher finden Konzerte verschiedenster Musikrichtungen und Partys statt.

73 [B5] **Filthy Quarter,** 45 Dublin Road, BT2 7HD, Tel. 028 90246823, Facebook: FilthyMcNastysBelfast, geöffnet: Mo. 17–1, Di. 16–2.30, Mi., Do. 16–1, Fr. 15–3, Sa. 13–3, So. 13–24 Uhr. Hier findet man eine Musikkneipe, eine Cocktailbar, einen Biergarten und Dachterrasse sowie einen Club mit Live-DJs unter einem Dach. Die Einrichtung in sämtlichen Räumen ist eklektisch schräg und das Publikum ist bunt gemischt.

74 [B5] **Limelight, Rock Garden & Katy's Bar,** 17 Ormeau Avenue, BT2 8HD, Tel. 028 90327007, www.limelightbelfast.com, geöffnet: So.–Mo. 12–1 Uhr, Mi.–Sa. 12–2 Uhr. Wieder mehrere Veranstaltungsorte in einem: Musikliebhaber können hier sowohl Konzerte hören als auch tanzen gehen. Die Musikstile reichen meist von Rock und Pop über Indie bis Rave und Hip-Hop.

75 [B3] **Voodoo,** 11A Fountain Street, BT1 5EA, Tel. 028 90278290, www.voodoobelfast.com, geöffnet: Mo.–Fr. 12–1, Sa. 12–2, So. 12–24 Uhr. Hier fühlen sich Fans von Punk, Rock, Metal und Drum'n'Bass zu Hause. In dem in Rot und Schwarz gehaltenen Club gibt es

048bf-fk

Essen, Comedy, Livemusik – das Empire bietet für jeden etwas

an sechs Abenden pro Woche DJs und Coverbands, die das Publikum, welches hier keineswegs nur in den 20ern ist, auf den Tanzboden lockt. Außerdem bietet die Küche Cajun-inspirierte Gerichte an.

Szene und Kleinkunst

76 [C3] **Black Box,** 18–22 Hill Street, BT1 2LA, Tel. 028 90244400, www.blackboxbelfast.com, geöffnet: Do.–Sa. 17–23 Uhr (Bar), außerdem So.–Mi. für Veranstaltungen. In der Eigenbeschreibung nennt sich die Black Box „eine Heimat für Livemusik, Theater, Literatur, Comedy, Film, bildende Kunst, Live-Auftritte, Zirkus, Kabarett und alles, was dazwischen liegt". Besser kann man das wahrscheinlich auch nicht ausdrücken, denn in diesem lebendigen Szenetreff im Kathedralenviertel gibt es fast alles. Die Atmosphäre ist intim und gemütlich – sehr empfehlenswert.

Theater, Konzerte und Kino

5 [A4] **Grand Opera House.** Nordirlands größtes und bekanntestes Theater bietet eine Vielzahl an Veranstaltungen von Oper, Schauspiel und Tanz bis zu Musicals und Comedy und ist auch architektonisch sehenswert. Luciano Pavarotti hatte hier sein Debüt im Vereinigten Königreich.

77 [cj] **Lyric Theatre,** 55 Ridgeway Street, BT9 5FB, Tel. 028, 90381081, www.lyrictheatre.co.uk, geöffnet: Café tgl. 10–15 Uhr und zu Vorstellungen. Seit 1951 ist dieses Theater die erste Adresse für Schauspiel in Nordirland. Viele Stücke nordirischer Künstler hatten hier Premiere und bekannte Schauspieler wie der derzeitige Schirmherr des Hauses, Liam Neeson, standen bereits auf der Bühne. 2012 bekam das Theater eine neue Heimat in einem modernen Bau aus Backstein, Glas und Metall, der von innen mit viel Holz verkleidet ist und sogar für den begehrten Stirling-Architekturpreis nominiert wurde. 2023 gewann das Haus den Preis für das beste britische Theater.

78 [A7] **Queen's Film Theatre (QFT),** 20 University Square, BT7 1PA, Tel. 028 90971097, www.queensfilmtheatre.com, geöffnet: tgl. ab 30 Min. vor der ersten Vorstellung, normalerweise abends, am Wochenende auch für Matineen. Seit 1968 gehört dieses Programmkino fest zur Kulturszene der Stadt. Auf zwei Leinwänden werden irische und internationale Filme gezeigt und in der Bar kann man sich vorher gemütlich bei einem Getränk niederlassen.

11 [C2] **The MAC (Metropolitan Arts Centre).** Diese lebendige Kunst- und Kulturzentrum bietet neben den Kunstgalerien Theater-, Comedy-, Tanz- und Musikveranstaltungen verschiedenster Art.

8 [B5] **Ulster Hall.** Dieses viktorianische Gebäude hat eine bewegte Geschichte hinter sich. Heute ist es Sitz des international bekannten Ulster Orchestra und bietet Musik, Tanz und viele weitere Veranstaltungen.

049bf-fk

Das Grand Opera House ist das größte Theater Nordirlands

050bf-fk

Belfast zum Stöbern und Shoppen

Als größte Stadt in Nordirland hat Belfast eine Fülle an Geschäften für einen ausgiebigen Einkaufsbummel zu bieten. Irisches Leinen, Schmuck mit keltischem Design und Pullover sowie Musik und Bücher sind typische Mitbringsel. Allerdings wird man überrascht sein von der Vielfalt an lokalem Kunsthandwerk und den kulinarischen Genüssen, die in der Region hergestellt werden.

Das größte **Einkaufsareal** befindet sich gleich nördlich der City Hall ❶. Hier gibt es zwei große, moderne Einkaufszentren und die Dependancen der üblichen Handelsketten, aber auch viele kleine Boutiquen und unabhängige Läden, die man bei einem Bummel durch die Fußgängerzone entdecken kann. Außerdem finden sich entlang der Botanic Avenue [A6–B7] und im Universitätsviertel weitere Geschäfte. Man sollte auch nicht die **Märkte**, allen voran die preisgekrönte Markthalle St. George's Market ❼, vergessen, die sich immer größerer Beliebtheit erfreuen.

Bücher und Musik

79 [bi] **An Ceathrú Póilí,** 216 Falls Rd, BT12 6AH, Tel. 028 90322811, www.anceathrupoili.com, geöffnet: Mo.–Fr. 9.30–17.30, Sa. 9.30–16 Uhr. Dieser Buchladen ist Teil der Cultúrlann McAdam Ó Fiaich, dem irischsprachigen Kulturzentrum in West Belfast. Natürlich findet man hier eine große Auswahl an Büchern in irischer Sprache, es gibt aber auch Werke auf Englisch, die sich mit irischen Themen befassen, CDs mit irischer Musik und DVDs sowie Schreibwaren und Geschenkartikel.

80 [dg] **Belfast Books,** 112 York Road, BT15 3HF, Tel. 028 95086524, www.belfastbooks.co.uk, geöffnet: Di.–Fr. 11–15, Sa. 10–14 Uhr. Kleiner, unabhängiger Buchladen, der sich vor allem auf Literatur über die *troubles* und Politik spezialisiert hat. Es werden aber auch andere Themen von Krimis bis

Der Buchladen No Alibis hat sich auf Krimis spezialisiert

zu Kochbüchern bedient. Neu- und Gebrauchtware.

81 [B3] **Keats & Chapman,** 21 North Street, BT1 1NA, Tel. 028, 90776838, https://keatsandchapman.ie, geöffnet: Mo.–Fr. 10.30–18.30, Sa. 11–18.30, So. 13–18 Uhr. Hervorragendes Antiquariat, das zwar von außen sehr klein aussieht, im Inneren aber schier endlos nach hinten weiterführt. Die Regale sind vollgestopft, aber die Bücher sind relativ gut nach Genres geordnet. Sehr kenntnisreiches und freundliches Personal.

82 [A4] **Matchetts Music,** 38 Wellington Place, BT1 6GF, Tel. 028 90326695, www.matchettsmusic.com, geöffnet: Mo.–Sa. 9–17.30 Uhr. Dieser auf Rock und Folk spezialisierte Laden hat nicht nur eine gute Auswahl an neuen und gebrauchten Instrumenten, sondern auch ein großes Sortiment an Noten und Songbooks.

83 [A7] **No Alibis,** 83 Botanic Avenue, BT7 1JL, Tel. 028, 90319601, www.noalibis.com, geöffnet: Mo.–Sa. 9–17.30 Uhr. Nordirlands einziger Buchladen, der sich auf Krimis spezialisiert hat, ist für Fans dieses Genres ein Muss. Man findet allerdings auch andere Bücher und besonders die Abteilung über irische Geschichte ist zu empfehlen. Es gibt nicht nur eine riesige Auswahl an Literatur und regelmäßige Autorenlesungen sowie Buchvorstellungen, sondern man bekommt auch freundliche Beratung und Inspiration für die nächste Lektüre.

84 [B4] **Waterstones,** 46 Fountain Street, BT1 5EE, Tel. 028 90240159, www.waterstones.com, geöffnet: Mo.–Sa. 9–18, So. 13–18 Uhr. Dieser zur größten britischen Buchhandlungskette gehörende Laden hat die umfangreichste Auswahl an Büchern in Belfast. Wer des Stöberns müde ist, kann im Café im ersten Stock eine Pause einlegen.

Shoppingareale

Die wichtigsten Shoppingbereiche der Stadt sind im Kartenmaterial mit einer rötlichen Fläche markiert.

Einkaufszentren

85 [B3] **Castle Court,** Royal Avenue, BT1 1DD, Tel. 028 90234591, www.castle-court-uk.com, geöffnet: So., Mo. 10–18, Di.–Sa. 9–18 Uhr. Auf zwei von Licht durchfluteten Etagen kann man in über 80 Geschäften nach Herzenslust einkaufen. Es gibt Modeboutiquen, Haushaltswaren, Geschenkartikel und vieles mehr. In der oberen Etage finden sich außerdem ein Kino, zahlreiche Imbissstände und es gibt ein großes Parkhaus.

86 [C4] **Victoria Square Shopping Centre,** 1 Victoria Square, BT1 4QG, Tel. 028 90322277, www.victoriasquare.com, geöffnet: Mo.–Mi. 9.30–18, Do., Fr. 9.30–21, Sa. 9–18, So. 13–18 Uhr. Das Victoria Square ist keine

051bf-fk

Das Shoppingcenter Victoria Square – eine von Belfasts großen Einkaufsmeilen

Einkaufsgalerie im eigentlichen Sinne, da sie zwar überdacht, aber an beiden Seiten offen ist. Das architektonisch interessante Gebäude mit der weithin sichtbaren Glaskuppel hat mehrere Preise gewonnen und wurde zum touristischen Anziehungspunkt, da man von der Kuppel aus eine wunderbare Aussicht über die Stadt hat. Es gibt sogar täglich von 10 bis 16 Uhr stündlich kostenlose Führungen. In dem Komplex finden sich unter anderem zahlreiche Mode- und Juweliergeschäfte, eine ganze Reihe an Restaurants und Cafés sowie ein Multiplexkino und ein Parkhaus.

Kunst, Kunsthandwerk und Geschenkartikel

87 [B4] **Avoca**, 41 Arthur Street, BT1 4GB, Tel. 028 90279950, www.avoca.com, geöffnet: Mo.–Fr. 8.30–17, Sa. 9–18, So. 12–18 Uhr. Ursprünglich eine Handweberei in Wicklow, geht das Angebot inzwischen weit über Decken und Textilien hinaus. Es gibt Geschenkartikel, Bücher, Kunst- und Einrichtungsgegenstände sowie eine Lebensmittelabteilung. Viele Produkte stammen von kleinen irischen Herstellern. Außerdem findet sich im Obergeschoss ein Café.

88 [C3] **Born & Bred**, 60–62 Ann St, BT1 4EG, Tel. 28 90230475, https://wearebornandbred.com, geöffnet: Mo.–Mi., Fr., Sa. 10–18, Do. 10–21, So. 13–18 Uhr. Ungewöhnliche und witzige Geschenkartikel von Kunstschaffenden aus Irland. Es gibt alles von Socken und Geschirrtüchern über Kerzen bis zu Tassen und Kunstdrucken. Auf jeden Fall einen Besuch wert, wenn man auf der Suche nach originellen Mitbringseln ist.

89 [B3] **Carroll's Irish Gifts**, 2–6 Castle Place, BT1 1GB, Tel. 028 90238899, www.carrollsirishgifts.com, geöffnet: Mo.–Mi. 10–18.45, Do., Fr. 9–19.15, Sa. 9.30–19.15, So. 10.30–19.45 Uhr. Typisches, altmodisches Souvenirgeschäft, in dem von kleeblattgeformten Haarklips über irischen Schmuck bis zu traditionellen irischen Aranpullovern mit den markanten Kabelmustern alles erhältlich ist. Es gibt auch noch eine kleinere Filiale am Donegall Place.

90 [B2] **Craft NI Gallery**, 115–119 Royal Avenue, BT1 1FF, Tel. 28 90329342, https://craftnigallery.org, geöffnet: Mo.–Sa. 10–17 Uhr. Diese Galerie bietet eine große Auswahl an Kunsthandwerk von nordirischen Kunstschaffenden: Keramik, Schmuck, Glas, Holz- und Papierarbeiten, Textilien und mehr. Abgesehen von der Verkaufsfläche gibt es auch noch einen speziellen Raum mit wechselnden Austellungen.

91 [B3] **We Have it Wrapped Up**, Castlecourt Shopping Centre, BT1 1DD, Tel. 07593547947, https://wehaveitwrappedup.com, geöffnet: Mo.–Mi. 9.30–18, Do., Fr. 9.30–21 Uhr. Kunsthandwerk und Geschenkartikel von irischen Herstellern. Hier findet man Drucke, Schmuck, Keramik, Kleidung und Haushaltswaren, aber auch Kosmetik und Spielwaren für Kinder.

Lebensmittel und Delikatessen

92 [ei] **Aunt Sandra's Candy Factory**, 60 Castlereagh Rd, BT5 5FP, Tel. 028 90732868, www.auntsandras.com, geöffnet: Di.–Fr. 10.30–18, Sa., So. 10–18 Uhr. In diesem Süßigkeitenladen gibt es alles, was das Naschkatzenherz begehrt: Schokolade, Bonbons und traditionellen *fudge*. Man kann durch ein Fenster bei der Süßigkeitenherstellung zuschauen und es gibt Workshops zum Mitmachen sowie Touren durch die Werkstätten. Das ist nicht nur was für die Kleinen.

93 [B4] **Jeffers Home Bakery**, 4/6 College Street, BT1 6BX, Tel. 028 90327157, www.jeffersbakery.co.uk,

geöffnet: Mo.–Sa. 10–17 Uhr. Schon der Duft lockt in diese traditionelle Bäckerei, in der man klassische nordirische Backwaren wie *Belfast Baps*, süße Brötchen und Kuchen, Würstchen im Teigmantel *(sausage rolls)* und Sandwiches erstehen kann. Zur Mittagszeit muss man allerdings schon mal anstehen, da der Laden sehr beliebt ist.

94 [B4] **Marks & Spencer,** 48 Donegall Place, Belfast, BT1 5BY, Tel. 028 90235235, www.marksandspencer.com, geöffnet: Mo.–Mi. 8–19 Uhr, Do. 8–21 Uhr, Fr./Sa. 8–19 Uhr, So. 13–18 Uhr. Diese gehobene Warenhauskette ist überall im Vereinigten Königreich zu finden. Ein Besuch lohnt vor allem in der *foodhall* im Untergeschoss. Man kann hier nette kulinarische Mitbringsel und regionale Spezialitäten wie das zum Frühstück gegessene Kartoffelbrot finden.

95 [B4] **Sawers,** Fountain Centre, College St, BT1 6ES, Tel. 028 90322021, www.sawersbelfast.com, geöffnet: Mo.–Sa. 9–17 Uhr. Schon von außen sieht dieser mehr als hundert Jahre alte Delikatessenladen sehr einladend aus: Es gibt Körbe mit Lebensmitteln und vor dem Schaufenster stehen kleine Tische und Stühle, auf denen man sich niederlassen kann. Tritt man dann ein, gehen einem die Augen über und man weiß kaum, welche Köstlichkeiten man sich zuerst ansehen soll. Hier bekommt man alles von italienischer Salami bis zu chinesischem Tee. Vor allem kann man hier aber Spezialitäten aus der Region bekommen, z. B. *dulse* (irischen Seetang) oder die verschiedensten irischen Käsesorten. An der Feinkosttheke kann man sich hervorragend für ein Picknick ausstatten.

96 [B3] **The Nutmeg**, 9A Lombard Street, BT1 1RB, Tel. 028 90249984, https://nutmeghealthstore.com, geöffnet: Mo.–Sa. 10–18, So. 13–17 Uhr. Netter, kleiner Naturkostladen mit gutem vegetarischem, veganen und glutenfreien Sortiment. Besonders interessant ist die Auswahl an frischen, herzhaften und süßen Leckereien.

Märkte

97 [eh] **East Block Bazaar**, Banana Block, 310 Newtownards Road, BT4 1HP, https://bananablock.org/series/east-block-bazaar, Markt: einmal im Monat So. 12–16 Uhr, Banana Block geöffnet: Mi.–Fr. 10–18 Uhr, So. 13–18 Uhr. Dieser monatlich in einer alten Leinenfabrik stattfindende Markt bietet eine bunte Mischung aus Essen, Eingemachtem, Getränken, Kosmetika, Vintage-Artikeln und vielem mehr – das meiste lokal hergestellt – mit musikalischer Untermalung. Am besten informiert man sich im Internet, wann der nächste Markt stattfindet. Allerdings lohnt ein Besuch im Banana Block auch, wenn man es nicht zum Markttermin schafft. Diese neue Initiative nennt sich *living museum* und gibt nicht nur Auskunft über die interessante Verbindung zwischen Belfast und der Banane, sondern bietet auch eine Vielzahl an kreativen Events und Lokalen, u. a. einen Plattenladen und einen Pilzzüchter.

98 [A3] **Smithfield Market,** Winetavern Street, BT1 1JE, geöffnet: Mo.–Sa. 9.30–17.30 Uhr. Diese überdachte Markthalle bietet eine Vielzahl an kleinen Geschäften und Ständen, deren Angebot von Obst und Gemüse bis zu Secondhandläden reicht. Will man sich nach dem Einkaufsbummel stärken, gibt es für das leibliche Wohl ein kleines Café.

7 [C4] **St. George's Market.** Belfasts preisgekrönte Markthalle sollte man bei einem Besuch der Stadt auf keinen Fall auslassen. Am Wochenende gibt es hier Kulinarisches, Kunsthandwerk und Antikes, begleitet von Livemusik und einer pulsierenden Atmosphäre.

99 [C2] **The Common Market,** 16–20 Dunbar Street, BT1 2LH, https://commonmarketbelfast.com, geöffnet: Do.–So. 12–24 Uhr. Lebendiger, überdachter Streetfood-Markt mit großer Auswahl an Speisen und Getränken. Von mexikanischen Gerichten über kanadische Snacks und Eis ist für alle etwas dabei. Es gibt auch einiges an vegetarischen, veganen und glutenfreien Köstlichkeiten.

100 [B5] **Trademarket,** 14–16 Dublin Road, BT2 7HN, https://trademarketbelfast.com, geöffnet: Mi.–So. 12–24 Uhr. Dieser Markt bietet eine bunte Mischung aus Imbiss-, Getränke- und Einzelhandelsständen. Wenn man durch Geschenkartikel, Kosmetika oder modische Kleidung gestöbert hat, kann man sich mit einem Getränk und etwas zu Essen an einem der vielen Tische niederlassen. Es gibt außer alkoholfreien Getränken eine Riesenauswahl an Bier, Wein, Whiskey, Cocktails und mehr. Dazu kann man sich von Fish'n'Chips über Burger, Bagel, Pizza und Pie bis zu japanischem oder philippinischem Essen ein passendes Gericht aussuchen. Vor allem am Wochenende kann es hier abends recht voll werden.

Mode, Schmuck und Accessoires

101 [B4] **Envoy of Belfast,** 4 Wellington Street, BT1 6HT, Tel. 028 90311110, www.envoyofbelfast.com, geöffnet: Di.–Sa. 10–17.30 Uhr. Kleine Boutique mit vintage-angehauchter, moderner Kleidung. Hier gibt es auch weniger bekannte Marken.

102 [B3] **Fresh Garbage,** 24 Rosemary Street, BT1 1QD, Tel. 028 90242350, www.freshgarbage.co.uk, geöffnet: Mo.–Sa. 10–17.30, So. 13–17 Uhr. Schon seit Ende der 1960er-Jahre im Geschäft, verkauft dieser Laden ausgefallene Kleidung und Accessoires im Ethno-, Punk- und Rockstil.

103 [bf] **Jigsaw,** 12–14 Arthur Street, BT1 4GD, Tel. 028 90249110, www.jigsaw-online.com, geöffnet: Mo.–Sa. 9.30–17.30 Uhr, So. 13–18 Uhr. Moderne Damenmode mit klassischen, klaren Linien.

104 [B4] **Steenson's Jewellery,** Bedford House, 16–22 Bedford Street, BT2 7FD, Tel. 028 90248269, www.thesteensons.com, geöffnet: Mo.–Mi. u. Fr.–Sa. 10–17.30 Uhr, Do. 10–20 Uhr. Dieser Familienbetrieb produziert seit den 1970er-Jahren individuellen, handgefertigten Gold- und Silberschmuck. Übrigens wurden hier auch einige der markantesten Stücke für die Fernsehserie „Game of Thrones" entworfen und hergestellt.

Vintage, Antikes und Secondhand

105 [ef] **On the Square Emporium** Sydenham Business Park, 17 Heron Road, BT3 9LE, Tel. 028 90434290, www.onthesquareemporium.com, geöffnet: Mo.–Fr. 10–18, Sa. 10–17 Uhr. On the Square Emporium ist der einem Auktionshaus angeschlossene Antik- und Vintage-Laden bzw. ein Studio, in dem aus alten Teilen neue Stücke gefertigt werden – alles unter einem Dach. Schon beim Eintreten kommt man sich vor wie in einer Schatzkammer: Neben alten Möbeln und Haushaltsgegenständen gibt es überall Dekoratives, Ungewöhnliches und Skurriles zu sehen. Natürlich hat nicht jeder Platz für ein Möbelstück im Gepäck, man findet aber auch kleine, feine Dinge, die in den Koffer passen.

106 [C3] **Young Savage,** 22 Church Lane, BT1 4QN, Tel. 028 95434370, www.facebook.com/theyoungsavagebelfast, geöffnet: Mo.–Sa. 10.30–17.30, So. 13–17.30 Uhr. Eine kuriose Mischung aus Secondhand-Klamotten, Büchern und Schallplatten.

Belfast zum Durchatmen

Belfast ist eine geschäftige Großstadt, in der das Leben pulsiert. In den Einkaufsstraßen drängen sich am Wochenende die Menschen und geht man ins Universitätsviertel, ist vor allem am Abend eine Menge los. Dennoch findet man immer wieder, auch an unerwarteten Stellen, Orte zum Verschnaufen und Innehalten.

In der Innenstadt und im Titanic-Viertel

Selbst inmitten des touristischen Treibens rund um die City Hall, wo man sich manchmal vor Werbung für Stadttouren kaum retten kann, ist es ganz einfach, ein ruhiges Plätzchen zum Lesen oder für ein Picknick zu finden: Der kleine **Park um die City Hall** 1 ist zwar selten leer und einsam, aber hier kann man sich gemütlich niederlassen, besonders, wenn man sich eher an der Ostseite in der Nähe der Titanic-Gedenkstätte aufhält.

Am Flussufer gibt es auch viele nette Sitzplätze, beispielsweise rund um den **Big Fish** 17.

Geht man hinüber auf die andere Seite des Flusses, ist der beste Platz zum Entspannen die **Marina** [E2]. Hier hat die Stadtverwaltung überdimensionale, fest installierte hölzerne **Liegebänke** aufgestellt. Man kann auf ihnen wunderbar die Beine ausstrecken und die frische Brise einatmen.

Das Kulturzentrum **2 Royal Avenue** ist ein städtisch verwaltetes, öffentliches Gebäude, eine Art Indoor-Park mit Sitzgelegenheiten, in dem man verschnaufen und auch picknicken kann. Es gibt u. a. einen Kiosk, offenes WLAN, eine Kinder-

Entspannen im Park an der City Hall 1

013bf-fk

052bf-fk

spielecke und eine Biblothek mit Belfast-Schwerpunkt.

•107 [B3] **Kulturzentrum 2 Royal Avenue,** 2 Royal Ave, www.belfastcity.gov.uk/2royalavenue, tgl. 10–18 Uhr; Kiosk, Facebook: Yallaa Café, Mo.–Sa. 10–17, So. 12–17 Uhr

Südlich der Innenstadt

Die erste Adresse für eine Ruhepause ist hier natürlich der **Botanische Garten** (25). Etwas abgelegen des historischen Palmenhauses kann man versteckte Sitzbänke finden und dort die Seele baumeln lassen.

Noch ruhiger ist oft der begrünte Innenhof der **Queen's University** (24), besonders wenn im Sommer die Studierenden Ferien haben.

In den Außenbezirken

Zwei sehr beliebte grüne Oasen außerhalb des Stadtkerns sind der **Cave Hill Country Park** (41) direkt bei Belfast Castle und der wunderschön angelegte Park um **Stormont** (38), den nordirischen Regierungssitz. Im Cave Hill Country Park kann man ausgedehnte Spaziergänge unternehmen und die fantastische Aussicht genießen. Hier ist die Natur weniger gezähmt und rauer. Stormont hingegen ist ein gepflegter Park, in dem man wegen seiner Weitläufigkeit aber genauso gut spazierengehen und auch mal für sich allein sein kann.

MEIN TIPP

Auszeit

Wer einmal für sich allein sein oder einfach gern ungestört seinen Kaffee genießen möchte, findet in Belfast auf jeden Fall ein Plätzchen.

Für den Morgenkaffee empfiehlt sich das Harlem (s. S. 78). Man kann hier unbehelligt bei einer Tasse Kaffee oder Tee seine Zeitung lesen und gemütlich frühstücken. Für ein mittägliches Nickerchen ist eine ruhige Ecke im **Botanischen Garten** (25) die beste Adresse. Hier kann man die Zeit vergessen und wird bestimmt nicht gestört.

Zur richtigen Zeit am richtigen Ort

Das ganze Jahr über gibt es in Belfast ein breit gefächertes Kulturangebot. Besonders beliebt sind aber die vielen Festivals, die auch außerhalb der Sommermonate die Besucher locken. Laut Stadtverwaltung gibt es durchschnittlich mindestens eins pro Woche. Hier ist eine Auswahl der wichtigsten Ereignisse. Weitere Informationen findet man unter https://visitbelfast.com/whats-on/festivals-in-belfast oder www.belfastcity.gov.uk/events.

› **März: Brilliant Corners – Belfast Jazz Festival** (www.europejazz.net/festival/brilliant-corners). Internationale Größen des Genres spielen hier genauso wie neue Talente. Außerdem gibt es Filmvorführungen zum Thema.

› **17. März: St. Patrick's Day.** Zu Ehren des irischen Nationalheiligen gibt es jedes Jahr von der City Hall aus eine große Parade durch die Innenstadt, die von Tänzern und Musikern begleitet wird. Natürlich finden auch in den Kneipen der Stadt Partys, *sessions* und Konzerte statt.

› **April: Belfast Film Festival** (www.belfastfilmfestival.org). In der ganzen Stadt werden internationale Filme verschiedenster Genres gezeigt, allerdings nicht nur in den Kinos, sondern auch an ungewöhnlicheren Orten wie im Museumsgefängnis Crumlin Road Gaol oder in St. Anne's Cathedral.

› **Ende April/Anfang Mai: Cathedral Quarter Arts Festival** (www.cqaf.com). Dieses Festival ist eins der größten der Stadt und man hat die Qual der Wahl zwischen Musik, Theater, Comedy, Lesungen, Straßenkunst und vielem mehr.

› **Anfang Mai: Belfast City Marathon** (www.belfastcitymarathon.com). Seit über vierzig Jahren findet dieses Rennen jedes Jahr statt. Die Läufer beginnen bei der City Hall, es geht vorbei an einigen der bekanntesten Sehenswürdigkeiten, bis man im Ormeau Park über die Ziellinie läuft.

› **12. Juli: The Twelfth and Orangefest.** Mit einer großen und teils umstrittenen Parade gedenkt der Oranier-Orden der Schlacht am Fluss Boyne im Jahr 1691 (s. S. 60).

093bf-fk

[<] Vor dem Palmenhaus der Botanic Gardens 25

[>] Auf dem Belfast Maritime Festival (s. S. 94)

- **Ende Juli/Anfang August: Belfast Pride** (www.belfastpride.com). Irlands größtes LGBT-Festival mit großer, farbenprächtiger Parade durch das Stadtzentrum.
- **Anfang August: Féile an Phobail** (www.feilebelfast.com). Dieses Festival, dessen irischer Name auf deutsch „Volksfest" bedeutet, hat seinen Ursprung im katholischen West-Belfast der späten 1980er-Jahre, als man versuchte, einen Gegenpol zu den Ereignissen des Nordirlandkonflikts zu setzen. Immer noch stark in West-Belfast verankert, ist das Festival aber mittlerweile ein stadtweites Ereignis.
- **Ende August: Belfast Mela** (www.artsekta.org.uk). Nordirlands größtes Festival der Weltkulturen. Im Botanischen Garten gibt es Darbietungen aller Art und Essen aus aller Welt, um die Multikulturalität der Stadt zu feiern.
- **Anfang September: Belfast Maritime Festival** (https://visitbelfast.com/article/belfast-maritime-festival). Ein Wochenende lang gibt es im Rahmen dieses Festivals historische Schiffe, Musik, Straßentheater, Aktivitäten für Kinder, einen Markt, Ausstellungen und vieles mehr entlang dem Fluss zu sehen, von Titanic Belfast bis The Big Fish. Und das Beste ist: alles ist kostenlos. Man kann sich nach Herzenslust treiben lassen, die historischen Segelschiffe bewundern und den Darbietungen zusehen.
- **Ende Oktober/Anfang November: Belfast International Arts Festival** (www.belfastinternationalartsfestival.com). Internationale Künstler strömen in die Stadt und drei Wochen lang gibt es Musik, Theater, Literatur, Tanz, Film und vieles mehr.

„The Speaker" redet sich am Custom House Square (13) in Rage

Gesetzliche Feiertage in Nordirland

- **1. Januar:** Neujahr (New Year's Day)
- **17. März:** St. Patrick's Day
- **März/April:** Karfreitag (Good Friday)
- **März/April:** Ostermontag (Easter Monday)
- **erster Montag im Mai:** Maifeiertag (Early May Bank Holiday)
- **letzter Montag im Mai:** Spring Bank Holiday
- **12. Juli:** Battle of the Boyne/Orangemen's Day
- **letzter Montag im August:** Summer Bank Holiday
- **25. und 26. Dezember:** Weihnachten (Christmas Day, Boxing Day)

Wenn in Nordirland Feiertage auf einen Samstag oder Sonntag fallen, ist normalerweise der folgende Montag frei. **Bank Holidays** waren, wie der Name schon sagt, traditionell Tage, an denen die Banken geschlossen hatten, sind aber heute generelle Feiertage. **St. Patrick's Day** feiert den Nationalheiligen der Iren und **Orangemen's Day** gedenkt der Schlacht am Fluss Boyne im Jahr 1690.

BELFAST VERSTEHEN

004bf-fk

Belfast – ein Porträt

Belfast befindet sich im Nordosten der Insel Irland und liegt am Meeresarm **Belfast Lough.** Im Nordwesten ist die Stadt von **Hügeln** umgeben, die von fast überall zu sehen sind. Einer dieser Hügel ist der bei Wanderern und Spaziergängern beliebte Cave Hill, bei dem ein Felsvorsprung auffällt, der einer Nase ähnelt und im Volksmund seit Langem als „Napoleons Nase" bekannt ist. Durch die Stadt fließt der **Lagan** und mündet im Norden in den Belfast Lough.

Lange Zeit kannte man Belfast vor allem aus den Nachrichten wegen des **Nordirlandkonflikts,** der teils bürgerkriegsähnliche Zustände annahm, die von den späten 1960er- bis in die 1990er-Jahre andauerten. Städteplanerisch standen in dieser Zeit die Gefahr von Anschlägen und die Notwendigkeit, Teile der Bevölkerung voneinander fernzuhalten, im Vordergrund. Mit dem Ende des Konflikts Mitte der 1990er-Jahre begann im großen Stil die **Stadtsanierung.** Ein Teil dieses Prozesses ist die Benennung und auch touristische Vermarktung verschiedener Gegenden Belfasts als **Kulturviertel.**

Am Hafen befindet sich auf dem ehemaligen Werftgelände der Firma Harland & Wolff das **Titanic Quarter,** denn hier wurde der berühmte Luxusdampfer gebaut. Der Hafen von Belfast war einmal weltweit führend im **Schiffbau,** wovon noch heute die von den Belfastern Samson und Goliath getauften Portalkräne zeugen, die 106 und 96 m in die Höhe ragen und seit den 1970er-Jahren ein Wahrzeichen der Stadt sind. Neben dem aus 30.000 Silberplatten bestehenden Gebäude Titanic Belfast, einem modernen Museum, das dem gleichnamigen Schiff gewidmet ist, befinden sich hier auch Filmstudios, in denen unter anderem die populäre Fantasy-Serie **„Game of Thrones"** produziert wird. Die Studios sind zwar nicht zu besichtigen, aber zahlreiche Touren, die von Belfast aus zu verschiedenen Drehorten der Serie führen, locken große Zahlen von Fans in Nordirlands Hauptstadt.

Die Titanic und auch das durch die Serie „Game of Thrones" einem weltweiten Publikum bekannte spektakuläre Umland der Stadt, sind zwei Aspekte, die die Stadt touristisch in den Vordergrund stellen möchte. Was aber viele Besucher aus aller Welt ebenso interessiert, sind der Nordirlandkonflikt des 20. Jahrhunderts und die noch bestehenden **Gräben in der nordirischen Gesellschaft,** der erfolgreiche Friedensprozess und welche Lehren man anderswo daraus ziehen kann. Der arme Westen der Stadt war traditionell von sozialen Problemen und konfessionellen Konflikten geprägt, vor allem zwischen den katholischen Vierteln um die Falls Road und den protestantischen um die Shankill Road. Allmählich nähert man sich einander an und die Friedensmauern,

Belfast in Zahlen

- **erste Erwähnung:** 1262
- **Einwohner:** rund 293.000
- **Konfession:** 48 % katholisch, 36 % protestantisch
- **„Nationale Identität":** 35 % irisch, 27 % britisch, 17 % nordirisch, 7 % britisch/nordirisch, 2 % irisch/nordirisch, 1 % britisch/irisch
- **Bevölkerungsdichte:** 2500 Einwohner je km²
- **Fläche:** 115 km²
- **Höhe ü. M.:** 17 m

die britische Soldaten erstmals 1969 provisorisch errichteten, sind teilweise durchlässiger geworden. Touristen sind auf beiden Seiten willkommen – allerdings ist man im katholischen Teil mehr auf sie eingestellt als im protestantischen.

Die zahlreichen Initiativen zur **Wiederbelebung der irisch-gälischen Sprache** und Pflege traditioneller irischer Kultur haben dazu geführt, dass ein Teil der Gegend um die Falls Road von der Stadt zu einem Kulturviertel erklärt wurde und den Namen **Gaeltacht Quarter** trägt. Politische Wandgemälde, Fahnen und Gedenkstätten für Paramilitärs gibt es auch im Osten der Stadt, wo aber vor allem Protestanten wohnen, und im Norden, wo katholische Enklaven an protestantische grenzen.

Das Zentrum der Stadt bildet die im Stil des Neobarock 1906 fertiggestellte City Hall. Nördlich davon befinden sich die Haupteinkaufsstraßen der Stadt mit vielen Einkaufsmöglichkeiten und dem mit einer Glaskuppel überdachten, 2008 eröffneten Victoria Shopping Centre. Weiter nördlich im Zentrum hat sich das noch in den 1990er-Jahren sehr heruntergekommene Viertel um die St. Anne's Cathedral zum Kulturviertel **Cathedral Quarter** mit zahlreichen Restaurants, Museen, Hotels und dem Kulturzentrum MAC gewandelt.

Der Süden ist der wohlhabendste Teil der Stadt. Hier befinden sich auch die Queen's University, das Ulster Museum und der Botanische Garten. Auch dort wurde man nicht ganz von den Unruhen verschont, aber sie spielten im Leben der Menschen eine weniger dominante Rolle als anderswo in der Stadt. Die Hauptverkehrsstraße von der City Hall zur Universität wurde auch in schlimmeren Tagen wegen vieler Restaurants, Cafés, Pubs und anderer Amüsierangebote als Golden Mile bezeichnet. Hier, im nun nach der Universität benannten **Queen's Quarter**, und im Cathedral Quarter, befinden sich viele der Hotels der Stadt.

⌃ *Das Lagan-Ufer mit Blick auf Sinclair Seamen's Presbyterian Church (links) und Harbour Commissioner's Office (rechts, s. S. 33)*

Von den Anfängen bis zur Gegenwart

Archäologische Funde zeigen, dass schon vor mindestens 9000 Jahren Menschen in den Hügeln um das heutige Belfast lebten. Die eigentliche Siedlung, auf die Belfast zurückgeht, ist etwas mehr als 700 Jahre alt.

Das frühe Mittelalter

Der Ort, um den Belfast später entstehen sollte, war eine wichtige **Sandbank**, über die man den Fluss Lagan von Osten nach Westen überqueren und so einen langen Umweg vermeiden konnte. Weil sich hier im Jahr 668 eine Schlacht ereignete, wurde die Sandbank in einer Chronik als *fersat* (altirisch für „Furt") erwähnt. Das Wort hat sich im Namen Belfast (irisch: *Béal Feirste* = „Mündung der Furt") bis heute erhalten.

Die normannische Siedlung: Le Ford

1262 wird erstmals eine **Burg** erwähnt, die vermutlich die Keimzelle Belfasts war. Burgen bestanden zu jener Zeit meist aus Holz und Erdaufschichtungen, weshalb es keine Überreste dieses Bauwerks gibt. Weite Teile Irlands waren im vorangegangenen Jahrhundert von französischsprachigen Normannen aus

KURZ & KNAPP

Wichtige Begriffe

- **Nordirland:** eine von vier Nationen, die das Vereinigte Königreich bilden
- **Irlands Norden:** ein geografischer Begriff, der auch den zur Republik Irland gehörenden Nordwesten der Insel einschließt
- **Ulster:** Name der historischen Provinz Irlands, in der Belfast liegt. Von Unionisten oft als Synonym für „Nordirland" und von Nationalisten als Synonym für „Irlands Norden" benutzt.
- **Vereinigtes Königreich:** der Staat, in dem sich Belfast befindet. Vollständiger Name „Vereinigtes Königreich von Großbritannien und Nordirland" *(United Kingdom of Great Britain and Northern Ireland)*. Um Nordirland stärker einzubeziehen, wurde das Autolandeskennzeichen 2021 von GB in UK geändert.
- **Großbritannien:** die Nachbarinsel Irlands, auf der sich England, Schottland und Wales befinden
- **britisch:** das Vereinigte Königreich betreffend
- **Irland:** die Insel, auf der sich die Republik Irland und Nordirland befinden
- **irisch:** die Insel Irland betreffend
- **Protestanten:** Angehörige einer nordirischen Bevölkerungsgruppe, die traditionell einer protestantischen Kirche angehören und sich meist als Briten sehen
- **Katholiken:** Angehörige einer nordirischen Bevölkerungsgruppe, die traditionell der katholischen Kirche angehören und sich gewöhnlich als Iren sehen
- **Unionismus/Loyalismus:** Der Unionismus ist eine politische Ideologie, deren Anhänger die Zugehörigkeit Nordirlands zum Vereinigten Königreich beibehalten möchten. Eine radikalere Variante, bei der manchmal vor Gewalt nicht zurückgeschreckt wird, ist der Loyalismus.
- **Nationalismus/Republikanismus:** Nationalisten streben eine Vereinigung beider Teile Irlands an. Republikanismus ist die radikalere Variante: Anhänger erachten den Kampf der IRA bis in die 1990er-Jahre als rechtens.

England und Wales erobert worden und die normannischen wie auch die irisch-gälischen Fürsten der Insel erkannten den normannischen König Englands als ihren Lehnsherrn an. Belfast hieß **Le Ford**, was eine direkte Übersetzung des irischen Namens *fersat* ist, und war Teil der Ländereien des normannischen Adligen John de Courcey. Älter als *Le Ford* war die **Gemeindekirche**, die höchstwahrscheinlich dort stand, wo sich heute der alte **Friedhof der Shankill Road** 35 befindet. Der Name **Shankill** kommt vom irischen Wort *seanchill*, was „alte Kirche" bedeutet und vermutlich diese erste Kirche meint. Ab dem 15. Jahrhundert wurde die Burg wiederholt von irischen Fürsten erobert, dabei mehrmals zerstört und wieder aufgebaut. Aus dieser Zeit stammt die erste Nennung des Namens der Ansiedlung in der irischen Form **Béal Feirste.**

Sir Arthur Chichester und die Gründung des protestantischen Belfasts

Ende des 16. Jahrhunderts lag die Burg von Belfast in Ruinen. Die nun protestantischen Monarchen auf dem englischen Thron waren bestrebt, die Nachbarinsel stärker an England zu binden.

In Irlands nördlicher Provinz Ulster hatte sich der Engländer **Sir Arthur Chichester** als Offizier im Neunjährigen Krieg gegen die Fürsten von Ulster verdient gemacht. Er erhielt deshalb 1603 zahlreiche Ländereien in Ulster, darunter auch Belfast. Um aus Belfast eine Stadt nach englischem Vorbild zu machen, lud er englische Anglikaner und schottische Presbyterianer ein, sich hier niederzulassen und am Aufbau der Stadt zu beteiligen. 1613 erhielt Belfast das **Stadtrecht.**

Sir Arthur, der 1625 starb, kann als Gründer des modernen Belfasts gesehen werden. Den Namen seiner Familie tragen heute zehn Straßen, neun davon nahe beieinander im Norden der Stadt und die Chichester Street in der Nähe der **City Hall** 1. Die Chichesters lenkten noch bis zum Anfang des 19. Jahrhunderts die Geschicke Belfasts.

Katholische Rebellion und Englischer Bürgerkrieg

Nirgendwo in Irland war der Widerstand gegen die Anglisierung der Insel größer als in der nördlichen Provinz Ulster. Deshalb versuchte die Krone, ähnlich wie dies schon in geringerem Umfang von Arthur Chichester in Belfast praktiziert worden war, dort loyale Untertanen anzusiedeln. 1609 wurden deshalb im Rahmen der sogenannten *Plantation* („Bepflanzung") vom englischen König James I. **protestantische Siedler** in den Westen Ulsters eingeladen, die teilweise die einheimische katholische Bevölkerung verdrängten. 1641 kam es zu zahlreichen brutalen Übergriffen gegen die protestantischen Bewohner des irischen Nordens, als die alten katholischen Eliten einen Aufstand entfachten.

In Belfast selbst gab es keine Katholiken und die Stadt blieb vom Aufstand verschont. Diese Ereignisse fielen aber mit dem **Englischen Bürgerkrieg** zusammen, bei dem König Charles I. und das Parlament darüber stritten, ob der Monarch absolute Macht haben sollte. Die Belfaster schlugen sich im Verlauf des Kriegs größtenteils auf die Seite des Königs, ebenso wie verwirrenderweise die katholischen Aufständischen. 1649 gewann aber das englische Parlament den Bürgerkrieg: Als 1660 die Monarchie wieder eingeführt wurde, erhielt Arthur Chichester, der Großneffe des Stadtgründers, wegen seiner Königstreue und seiner militärischen Leistungen gegen die katholischen Aufständischen zahlreiche Ländereien im Nordwesten und den Titel Earl of Donegall. Neunzehn Straßen in Belfast tragen deshalb den Begriff Donegall (anders als die heutige Schreibweise der Stadt und Grafschaft mit Doppel-l geschrieben) im Namen. Belfast boomte und wurde zur wichtigsten Hafenstadt Ulsters.

Belfast im 17. Jh.: die glorreiche Revolution

1685 wurde mit **James II.** ein Katholik zum Monarchen der Königreiche England (mit Wales), Schottland und Irland. Das protestantische englische Parlament wollte die pro-katholische Politik des Königs aber nicht dulden, zumal er sich über geltende Gesetze hinwegsetzte. Es bot deshalb James' Schwiegersohn, dem protestantischen Prinzen **William of Orange**, die Krone an. William akzeptierte, was man in Belfast mit Erleichterung aufnahm. Der Prinz aus dem Haus Oranien marschierte daraufhin mit niederländischen Truppen in England ein und James II. floh. Dieses Ereignis wird als die glorreiche Revolution (The Glorious Revolution) bezeichnet. Der Kampf der beiden Könige um die Krone verlagerte sich nach Irland. Williams Truppen gewannen am Fluss Boyne 1690 eine entscheidende Schlacht gegen James. Jedes Jahr finden noch heute in protestantischen Vierteln am 11. Juli Freudenfeuer und am 12. Juli Paraden statt, die dieses Sieges gedenken. Gelegentlich sieht man auch noch Wandgemälde, die William auf einem weißen Pferd darstellen.

Die wirtschaftliche Entwicklung Belfasts im 18. Jh.

1708 brannte **Belfast Castle**, der Familiensitz der Chichesters, nieder. Die Burg stand an dem Ort, wo sich vermutlich schon die normannische Festung befunden hatte. An die alte Burg erinnern heute noch die Straßennamen Castle Place, Castle Lane und Castle Arcade in der Innenstadt. Die Nachfahren des Gründers des modernen Belfast zogen aus der Stadt weg, behielten aber für noch fast ein Jahrhundert weitgehenden Einfluss über die Geschicke Belfasts. Das heutige Belfast Castle 41 bauten sie im frühen 19. Jh. am nördlichen Stadtrand.

056bf-fk

Die Stadt wurde im 18. Jahrhundert ein Zentrum der **Leinenverarbeitung** und ein wichtiger Exporthafen für den Stoff. 1784 eröffnete man die White Linen Hall als Handelsbörse für Leinen. Sie stand bis Ende des 19. Jh. an der Stelle, wo sich seit 1906 die City Hall befindet. An die White Linen Hall erinnert heute noch die Bibliothek **Linen Hall Library** 2, die sich ursprünglich in deren Gebäude befand und dann in ein gegenüberliegendes Lagerhaus zog, wo sie bis heute zu finden ist. Übrigens blieb die Leinenverarbeitung noch bis Mitte des 20. Jahrhunderts ein wichtiger Industriezweig in Belfast.

Politischer Radikalismus im 18. Jh.

In der zweiten Hälfte des 18. Jh. mauserte sich Belfast wegen des regen Kulturlebens, der weitverbreiteten Beschäftigung mit Wissenschaften und den politischen Debatten zum **„Athen des Nordens“**. Die Zeitung **„Belfast Newsletter“** erschien 1737 erstmals und verfolgte eine regierungskritische Linie. Noch heute kann man den „Newsletter“ täglich lesen. Er ist die älteste durchgehend erscheinende Zeitung in englischer Sprache.

Irlands meist protestantische Intellektuelle debattierten, wie weit die Rechte des englischen Parlaments im separaten Königreich Irland reichen und ob Katholiken, die große Mehrheit der Bevölkerung, volle Bürgerrechte bekommen sollten. Die **Society of United Irishmen** wurde 1791 gegründet und strebte ein Irland an, in dem alle Bürger unabhängig von ihrer Konfession gleichberechtigt sein sollten. 1798 organisierten die United Irishmen Aufstände an zahlreichen Orten Irlands, die aber von der Dubliner Regierung niedergeschlagen werden konnten. Das Belfaster Gründungsmitglied der United Irishmen, **Henry Joy McCracken**, wurde vor dem Market House an der Ecke von Cornmarket und High Street gehängt.

Wandgemälde „King William of Orange“ in der Shankill Parade (s. S. 54)

Die Industriestadt des 19. Jh.

1801 wurde Irland mit Schottland, England und Wales zum **Vereinigten Königreich von Großbritannien und Irland.** Das irische Parlament in Dublin schaffte man ab. Die Stadt veränderte sich: Schon im 18. Jahrhundert hatte man begonnen, den Fluss Farset, der durch die High Street und andere Straßen Belfasts verlief, zu überdecken. Das letzte Stück des Flusses verschwand 1804 unter der Erde (der Fluss fließt seitdem unterirdisch durch einen Tunnel). Auch baute man den Hafen aus und beseitigte die zahlreichen Sandbänke.

Die Herstellung von **Leinen** blieb neben dem **Schiffbau** weiterhin ein dominanter Wirtschaftszweig und brachte Belfast den Spitznamen „Linenopolis“ ein. Belfast war die einzige Industriestadt Irlands und in vielerlei Hinsicht eher mit britischen Städten wie Glasgow, Manchester und Birmingham vergleichbar.

Erstmals zogen nun **Katholiken** in großer Zahl in die Stadt, vor allem während der Großen Hungersnot *(The Great Famine)*, die in ländlichen Gebieten zwischen 1845 und 1852 wütete. Wie anderswo brachte die Industrialisierung Konflikte mit sich, aber im Gegensatz zu Großbritannien solidarisierten sich nicht die oft in Armut

057bf

lebenden Arbeiter miteinander gegen ihre Arbeitsgeber, sondern reiche wie arme Protestanten auf der einen Seite und Katholiken jeglicher Herkunft auf der anderen. **Der irische Nationalismus** wurde anders als im 18. Jahrhundert zu einer Ideologie der Katholiken. Die Protestanten bevorzugten nun, ein Teil der protestantischen Mehrheit des Königreichs zu bleiben und nicht zu einer Minderheit in einem selbstständigen, katholischen Irland zu werden.

Die Teilung Irlands

1912 war die Irish Party im Londoner Parlament ihrem Ziel zum Greifen nah: Die liberale Regierung unter Premierminister Herbert Asquith wollte *home rule* („Selbstregierung") in Irland einführen. Dies hätte nicht den Austritt aus dem Vereinigten Königreich bedeutet, sondern nur ein eigenes Regionalparlament. Für Irlands Protestanten, vor allem diejenigen in der nördlichen Provinz Ulster, wo sie anders als im restlichen Irland in der Mehrheit waren, ging dies aber schon zu weit. Im September 1912 unterschrieben fast eine halbe Million Menschen in der Belfaster City Hall die **„Ulster Covenant"** („Verpflichtung von Ulster"), in der sie versprachen, ein Dubliner Parlament niemals anzuerkennen.

Um diese Willensbekundung zu unterstreichen, wurde die Miliz **Ulster Volunteer Force (UVF)** gegründet, die vor allem in West-Belfast viele Freiwillige fand. Als daraufhin in Dublin die **Irish Volunteers** entstanden und auch unter nordirischen Katholiken viele Mitglieder anwerben konnten, schien Irland – und insbesondere Ulster – am Rande einer Katastrophe. Ein Bürgerkrieg wurde durch den **Ausbruch des Ersten Weltkriegs** 1914 verhindert. Keine der beiden Milizen war antibritisch und so wurden eigene Divisionen für sie in der britischen Armee geschaffen. Die aus der UVF hervorgegangene **36. Ulster Division** erlitt große Verluste in der Schlacht an der Somme, an die heute Wandgemälde und Gedenkgärten in protestantischen Vierteln erinnern. Dass irische Katholiken im Ersten Weltkrieg ebenfalls in großer Zahl in der britischen Armee gekämpft haben, ist in katholischen Vierteln heute normalerweise keines Gedenkens wert.

Während des Kriegs wurde die bis dahin wenig erfolgreiche nationalistische Partei **Sinn Féin** populär und gewann bei den britischen Unterhauswahlen 1919 die meisten irischen Stimmen. Anstatt ihre Abgeordneten nach London zu schicken, konstituierten sie sich als irisches Parlament in Dublin. Im darauf folgenden Unabhängigkeitskrieg bekämpfte die

⌃ *Die zu dem Zeitpunkt neu gegründete Ulster Volunteer Force bei einer Inspektion ca. 1913*

› *Titanic-Wandgemälde, Ecke Newtownards Road/Dee Street [eh]*

Irisch-Republikanische Armee (IRA) die königliche irische Polizei und das britische Militär.

Beim **Friedensvertrag von 1921** wurde auch die Teilung besiegelt: Der irische Nationalstaat entstand, während Nordirland im Vereinigten Königreich verblieb, aber ein eigenes Regionalparlament im Belfaster Vorort Stormont 38 bekam.

Belfast nach der Teilung: 1920 bis 1950er-Jahre

Wie schon vor der Teilung verlief das Leben von Katholiken und Protestanten in Nordirland in getrennten Bahnen. Katholiken schickten ihre Kinder auf von ihrer Kirche betriebene Schulen, während protestantische Kinder auf Staatsschulen gingen. Viele Arbeitgeber stellten vorwiegend Menschen der gleichen Konfession ein, wobei die höher qualifizierten und attraktivsten Arbeitsplätze eher von protestantischen Arbeitgebern angeboten und für protestantische Arbeitnehmer reserviert waren.

Der **Zweite Weltkrieg** führte in Belfast zur Vollbeschäftigung: Hier wurden Kampfflugzeuge, Kriegsschiffe, Uniformen und anderes kriegswichtiges Material hergestellt. Deutsche Luftangriffe hielt man für unwahrscheinlich und so war Belfast die am wenigsten geschützte Stadt des Vereinigten Königreichs. Dass diese Sicherheit trügerisch war, zeigte sich erstmals vom 7. bis 8. April 1941, als die deutsche Luftwaffe Angriffe auf die Hafenanlagen flog und eine Fabrik für Flugzeugteile zerstörte. Als sie am 15. April wiederkam, verloren in fünf Stunden etwa 900 Menschen ihr Leben.

Bei den ersten britischen Unterhauswahlen nach Kriegsende erlangte Labour 1945 einen Erdrutschsieg und machte das Vereinigte Königreich zu einem modernen Sozialstaat. Der Lebensstandard Nordirlands wurde dem der Insel Großbritannien angeglichen. Konflikte zwischen den beiden Konfessionsgruppen erreichten in den Nachkriegsjahren einen Tiefstand.

Wirtschaftlich folgte nun aber der Niedergang vieler traditioneller Industrien Belfasts: Die Leinenherstellung ging z. B. ab der Mitte der 1950er-Jahre rapide zurück.

028bf-fk

Der Nordirlandkonflikt und der Friedensprozess: 1960er- bis 2010er-Jahre

Die 1960er-Jahre waren trotz der wirtschaftlichen Stagnation vielversprechend: Ab dem Ende der 1950er-Jahre gab es Anzeichen, dass Katholiken sich mit dem britischen Staat arrangieren wollten. 1967 wurde die vornehmlich, aber nicht ausschließlich von Katholiken getragene **nordirische Bürgerrechtsbewegung** gegründet, deren Forderung u.a. lautete, dass jeder eine Stimme bei Wahlen haben sollte. Nach wie vor war das kommunale Wahlrecht in Nordirland an Hausbesitz gekoppelt, sodass es Bürger mit mehr als einer Stimme gab (wenn sie mehrere Häuser hatten) und viele, wenn sie zur Untermiete oder noch bei den Eltern lebten, die nicht wählen konnten. In der katholischen Bevölkerung gab es weit weniger Hausbesitzer, wodurch diese Politik es ihnen besonders schwer machte, eigene Interessen durch demokratische Prozesse zu verfolgen. Der Pfarrer **Ian Paisley**, das Oberhaupt der fundamentalistischen Freikirche Free Presbyterian Church, leitete oft Protestkundgebungen gegen die Veranstaltungen der Bürgerrechtsbewegung, bei denen die Polizei die Demonstrationszüge in die katholischen Viertel zurückdrängte und dabei mit dem Rücken zu den Anhängern Paisleys stand.

Die **Gewalt** eskalierte und nachdem es im Sommer 1969 in Derry für mehrere Tage zu gewaltsamen Zusammenstößen gekommen war, strömten auch die Menschen im katholischen West-Belfast auf die Straße. Die folgenden Krawalle zwischen Protestanten und der Polizei auf der einen und Katholiken auf der anderen Seite hatten den Tod von acht Menschen zur Folge. Die Unruhen führten dazu, dass die britische Armee auf den Straßen Nordirlands eingesetzt wurde. Eigentlich hätte es nur ein kurzer Einsatz werden sollen, aber die Armee blieb bis 2007 und war der Aufgabe nicht immer gewachsen: So erschossen britische Soldaten im August 1971 11 Zivilisten in West-Belfast und im Januar 1972 14 Zivilisten in Derry. Bewaffnete Armeepatrouillen gehörten bis Ende der 1990er-Jahre zum nordirischen Alltag.

Die bis in die 1960er-Jahre nur sehr sporadisch aktive **IRA** erstarkte während dieser Unruhen. Sie bekämpfte mit Anschlägen in Nordirland und Großbritannien bis 1997 den britischen Staat und dessen Sicherheitskräfte sowie Personen und Organisationen, die sie der Zusammenarbeit mit ihnen bezichtigten. Ihr Ziel war die Wiedervereinigung Irlands. In

060bf

strukturschwachen protestantischen Gegenden entstanden paramilitärische Gruppen, die als loyalistisch bezeichnet werden. Sie waren größtenteils illegal und bekämpften eigentlich die IRA, aber da diese im Untergrund agierte und kein offenes Ziel bot, trafen ihre Anschläge oft Katholiken, die sie – zu Recht oder Unrecht – für Mitglieder oder Sympathisanten hielten.

1994 erklärte die IRA schließlich einen **Waffenstillstand,** wodurch der **Friedensprozess** begann, der 1998 im Karfreitagsabkommen zwischen der britischen und irischen Regierung sowie den wichtigsten politischen Parteien und Gruppierungen Nordirlands mündete. Es war aber noch ein dorniger Weg zum Ende des Nordirlandkonflikts. Nachdem das Leben sich gegen Ende der 1990er-Jahre zunehmend normalisierte, verkündete die IRA 2005, dass der bewaffnete Kampf endgültig vorüber sei, und vernichtete im Beisein katholischer und protestantischer Geistlicher ihr Waffenarsenal. Die britische Armee erklärte 2007 das Ende ihres Einsatzes in Nordirland und die bewaffneten protestantischen Gruppen beendeten im gleichen Jahr ebenfalls offiziell ihre Aktivitäten.

Belfast seit Ende des Nordirlandkonflikts

Nach mehreren Fehlstarts wurde das neu geschaffene nordirische **Regionalparlament,** die Nordirland-Versammlung, 2007 wieder eröffnet. Sie basiert auf dem Prinzip, dass die Vorsitzenden der stärksten unionistischen sowie der nationalistischen Partei gleichberechtigte Regierungschefs sind. Der oder die Vorsitzende der Partei mit den meisten Stimmen trägt den Titel First Minister, der oder die andere ist Deputy First Minister.

Der zuvor wenig kompromissbereite freipresbyterianische Pfarrer Ian Paisley, Gründer der DUP (Democratic Unionist Party), wurde zum First Minister (im Amt bis 2008) und der ehemalige IRA-Kommandant Martin McGuinness zum Deputy First Minister (im Amt bis 2017). Beide verstanden sich erstaunlich gut. Ein neues Kapitel im **Versöhnungsprozess** wurde eingeleitet, als sich McGuinness und Königin Elizabeth II., die selbst einen Verwandten durch einen Anschlag der IRA verloren hatte, bei einem Besuch in Belfast 2012 die Hand gaben.

2017 trat McGuinness wegen eines Finanzskandals, in dem First Minister Arlene Foster (DUP) eine Mitschuld trug, zurück und löste dadurch Neuwahlen aus. Wie in allen Regionalwahlen seit 2007 wurde die DUP zur stärksten und Sinn Féin zur zweitstärksten Partei. Sie hätten den spezifischen parlamentarischen Regeln in Nordirland folgend eigentlich zusammen regieren müssen, konnten sich aber nicht einigen, weshalb keine Regierung in Stormont 38 zustande kam. Erst 2020 nahm das Parlament kurz vor dem Austritt des Vereinigten Königreichs aus der EU (Brexit) seine Arbeit wieder auf. First Minister war zunächst wieder Arlene Foster und danach Paul Givan, Deputy First Minister die Sinn-Féin-Politikerin Michelle O'Neill.

Während Sinn Féin wie die meisten nordirischen Parteien dazu geraten hatte, beim Referendum 2016

‹ 2009 trafen sich die damals amtierenden First Minister Peter Robinson und Deputy Martin McGuinness mit US-Präsident Barack Obama

067bf-fk

gegen den Austritt zu stimmen, hatte die DUP für den **Brexit** geworben. 52 % der Wähler im Vereinigten Königreich stimmten schließlich für den Austritt aus der EU, in Nordirland waren es nur 44 % und in Belfast 39 %.

Was immer sich die DUP vom Brexit erhofft hatte, es war nicht die **Warengrenze,** die nun in der Irischen See zwischen Nordirland und Großbritannien eingeführt wurde, um sicherzustellen, dass die irische Landgrenze weiter offen bleiben kann. Aus Protest trat Paul Givan vom Amt des First Minister zurück und brachte damit das Parlament zu Fall. Bei den Regionalwahlen im Mai 2022 wurde Sinn Féin erstmals zur stärksten Partei Nordirlands. Die DUP blockiert aus Protest gegen die Behinderung des Warenverkehrs zwischen Nordirland und Großbritannien weiterhin die parlamentarische Mitarbeit, weshalb Nordirland wieder ohne eigene Regierung auskommen muss.

Belfast entwickelte sich in den letzten Jahren dank einer gebildeten Bevölkerung und verhältnismäßig niedrigen Lebenshaltungskosten trotz widriger Umstände zu einem **europäischen Technologie-Cluster.**

Eine weitere Wachstumsindustrie ist der **Fremdenverkehr**, der zwar wie anderswo durch die Coronapandemie starke Einbußen erlitt, sich aber nun wieder erholt. 2023 sind die Zahlen an Übernachtungen von 2019 noch nicht ganz wieder erreicht, aber die Zahl der Hotelbuchungen stieg im Vergleich zum Vorjahr um 62 %. Dass das Museum **Titanic Belfast** 20 die Sehenswürdigkeit mit den meisten Besuchern in Nordirland und eine der populärsten Touristenattraktionen der britischen Inseln überhaupt ist, ist ein Indiz dafür, dass der Tourismus in Belfast in näherer Zukunft noch eine größere Rolle spielen dürfte.

⌃ An der International Wall 27 entsteht ein neues Wandgemälde

Leben in der Stadt

Belfast ist die Hauptstadt Nordirlands, einer der vier Nationen des Vereinigten Königreichs. Ebenso wie Wales und Schottland hat Nordirland ein eigenes Regionalparlament und wie alle vier Nationen des Königreichs sogar eine nationale Fußballmannschaft, die bei internationalen Begegnungen antritt. Die Frage nach ihrer Nationalität ist aber für die Belfaster, wie für alle Nordiren, problematisch.

In alle zehn Jahre durchgeführten **Volkszählungen** wird auch die **nationale Identität** abgefragt. Dabei kann jede Person angeben, ob sie sich als irisch, britisch, nordirisch, britisch/nordirisch, irisch/nordirisch, oder britisch/irisch sieht (s. a. S. 96).

Während **Katholiken** sich in der Regel als Iren sehen und Nordirland oft als künstliches Gebilde betrachten, sind die meisten **Protestanten** sich einig, dass sie Briten sind. Anderswo sind Briten aber vor allem auch Engländer, Waliser oder Schotten und hier ist eine Lücke in der Identität der nordirischen Protestanten, denn Nordirland oder Ulster, wie es nordirische Protestanten auch gern nennen, wird in Großbritannien kaum als Nation wahrgenommen. Die Bewohner Großbritanniens differenzieren selten zwischen der Republik Irland und Nordirland.

Die **Frage der nationalen Identität** kann vielleicht auch deshalb die Gemüter so mancher Belfaster auf Hochtouren bringen: Als die Stadtverwaltung Ende 2012 nach einer Abstimmung beschloss, die britische Fahne an der City Hall nur noch an bestimmten Tagen zu hissen, weil sich nicht alle Belfaster mit ihr identifizieren können, kam es zu Protesten in Belfast und ganz Nordirland.

Nach wie vor geht die Mehrheit der Katholiken auf öffentlich finanzierte, aber von der katholischen Kirche betriebene **Schulen**, während die staatlichen Schulen als protestantisch gelten. Fast alle politischen Parteien, die man in Nordirland wählen kann, sind entweder britisch-unionistisch und damit protestantisch oder irisch-nationalistisch und somit katholisch. Im wohlhabenden Süden vermischen sich beide **Konfessionen**, aber im Rest von Belfast leben sie deutlich voneinander getrennt, im schlimmsten Fall sogar durch Mauern, die als **Friedensmauern** *(peace lines)* be-

059bf-fk

> *„Mother Daughter Sister", Skulptur in Sandy Row vor einem Wandgemälde mit William of Orange*

zeichnet werden. Vor allem in ärmeren Stadtteilen sieht man sehr aufwendige **Wandgemälde, Fahnen** und **Gedenkstätten,** wodurch man schnell bemerkt, welche Konfession dort dominiert. Vorbei sind aber die Jahre, in denen Katholiken Bürger zweiter Klasse waren und durch höhere Geburtenraten ist aus der einstigen Minderheit eine Bevölkerungsgruppe geworden, die schon bald die absolute Mehrheit der Stadtbevölkerung stellen wird. Durch die Friedensmauern stößt der Wohnraum in manchen katholischen Vierteln an seine Grenzen, während auf der protestantischen Seite eigentlich noch genügend Platz wäre. Die größten **sozialen Brennpunkte** der Stadt sind heute eher in protestantischen Vierteln.

Viele Belfaster nehmen die Frage nach der Nationalität aber **zunehmend gelassener** hin und viele sehen es sogar als vorteilhaft, in einer Stadt zu leben, die sowohl irisch als auch britisch ist. Mehr und mehr öffentliche Räume werden von der gesamten Bevölkerung genutzt und haben keinen konfessionellen Charakter. Seit 1998 findet alljährlich eine große **St.-Patrick's-Day-Parade** im Stadtzentrum statt, an der sich ganz Belfast beteiligt. Bei **Belfast Pride,** der seit 1991 jährlich in der Innenstadt abgehaltenen städtischen Gay-Pride-Parade, gehören sowohl Katholiken als auch Protestanten zur größer werdenden Gruppe der Teilnehmer und zur kleiner werdenden der religiös-motivierten Gegendemonstranten. Ein früher Erfolg ist der **Belfast City Marathon,** der seit 1983 durch katholische und protestantische Straßen verläuft und auch Tore von Friedensmauern durchquert.

Die **Nordiren** sind konservativer und religiöser als Iren und Briten anderswo, wenn auch die Metropole Belfast zu einem der liberaleren Orte des irischen Nordostens geworden ist. Besuchern gegenüber sind die Belfaster offen und aufgeschlossen. Man kommt mit ihnen leicht ins Gespräch und sie haben einen trockenen Humor.

⊡ *Wandgemälde mit Bobby Sands am Sinn-Féin-Hauptquartier*

061bf-fk

Die Teilung Irlands vor und nach dem Brexit

Ganz Irland war Teil des Vereinigten Königreichs, bis 1922 eine Grenze gezogen wurde zwischen dem Nordosten, dessen Bevölkerung mehrheitlich protestantisch war und sich als britisch definierte, und dem vorwiegend katholischen Rest der Insel, der die Unabhängigkeit erlangte.

Die Grenze zerschnitt historisch gewachsene Strukturen und verlief teilweise durch Felder und Wiesen einzelner Bauernhöfe, manchmal sogar durch Häuser. Dank der neu gegründeten **Common Travel Area** („Gemeinsame Reisezone") gab es aber keinerlei Einschränkungen für Iren und Briten, ins jeweils andere Staatsgebiet zu reisen oder sich dort niederzulassen. Der Warenverkehr war allerdings im Lauf der Zeit wechselnden Bestimmungen und Zollgebühren unterworfen. Es entstanden Zollstationen an der inneririschen Grenze und bis in die 1960er-Jahre benötigten Autofahrer, die sie überquerten, ein spezielles Fahrtenbuch, das gestempelt wurde. Als der irische Staat beim Ausbruch des Zweiten Weltkriegs 1939 trotz Drängen der britischen Regierung neutral blieb, wurde die Reisefreizügigkeit zwischen den Inseln Irland und Großbritannien ausgesetzt, irische Bürger benötigten nun ein Visum für die Insel Großbritannien. Die irische Grenze blieb aber offen und auch Nordiren, die nach Großbritannien reisten, mussten strenge Personenkontrollen über sich ergehen lassen. 1949 trat der irische Staat zwar aus dem Commonwealth aus, erklärte sich zur Republik und löste damit die verbleibenden formellen Beziehungen zum Vereinigten Königreich, die *Common Travel Area* wurde 1952 dennoch wieder hergestellt, nachdem das britische Parlament beschlossen hatte, dass irische Staatsbürger nicht als Ausländer gelten. Die Republik Irland behandelte britische Staatsbürger im Gegenzug auf ähnliche Weise.

Der Nordirlandkonflikt, der Ende der 1960er-Jahre ausbrach, führte dazu, dass die britische Armee entlang der Grenze **Kontrollpunkte** errichtete, um paramilitärischen Gruppen wie der IRA die Überquerung der Grenze zu erschweren. Straßen, die nicht kontrolliert werden konnten, wurden unpassierbar gemacht. Einheimische wie Touristen mussten Kontrollen durch schwer bewaffnete Soldaten und Polizisten über sich ergehen lassen. Ausweisdokumente musste man aber nicht mit sich führen. Wirtschaftliche Beziehungen zwischen beiden Inselteilen wurden 1973 durch den gleichzeitigen Eintritt des Vereinigten Königreichs und der Republik Irland in die Europäische Wirtschaftsgemeinschaft (später EU) erleichtert.

1993 fiel die **Zollgrenze** zwischen der Republik Irland und dem Vereinigten Königreich komplett, als die **Öffnung des Europäischen Binnenmarkts** in Kraft trat und freien Warenverkehr zwischen Mitgliedsstaaten garantierte. Wenige Jahre später begann der nordirische Friedensprozess, der im Karfreitagsabkommen von 1998 mündete, das den Abbau militärischer Kontrollpunkte an der Grenze vorsah, was bis 2005 umgesetzt wurde. Die Grenze ist seitdem fast unsichtbar und nur an Hinweisen wie Preisen in verschiedenen Währungen, zweisprachigen Straßenschildern in der Republik Irland, roten und grünen Briefkästen oder Geschwindigkeits- und Entfernungsangaben in Kilometern bzw. Meilen erkennbar. Briten und Iren können im jeweils anderen Staatsgebiet Sozialleistungen in Anspruch nehmen und sogar wählen. In Nordirland Geborene haben zudem die Möglichkeit, statt des oder neben dem britischen einen irischen Pass zu bekommen.

Fast niemand möchte diesen Zustand beenden, aber als am 23. Juni 2016 52 % der britischen Wähler für den **Austritt des Vereinigten Königreichs aus der EU** (Brexit) stimmten, machten sie die irische Grenze zur Grenze zwischen der EU und einem Drittstaat. In Nordirland stimmten 56 % der Wähler für den Verbleib in der EU. Wie so oft in der nordirischen Politik hing die Wahl stark von der Konfession ab: Katholiken stimmten mit 85 % für den Verbleib, Protestanten hingegen nur mit 40 %. Die Vorstellung einer deutlicheren Trennung beider Teile Irlands mag so manche Unionisten bewogen haben, für den Brexit zu werben und zu wählen, aber trotz der Versicherung des ehemaligen britischen Premierministers Boris Johnson im August 2020, dass es eine irische Meeresgrenze nur „über meine Leiche" („over my dead body") gäbe, trat das Gegenteil ein: Nordirland wird weiterhin wie ein Teil des Europäischen Binnenmarktes behandelt und es gibt Warenkontrollen zwischen Nordirland und Großbritannien. Dies führte eine Zeit lang zu Versorgungsengpässen in Supermärkten und bei Medikamenten, wenn Waren von der Nachbarinsel kamen und sich die Lieferung durch Kontrollen verzögerte. Die DUP, die für den Brexit warb, hat aus Protest ihre Mitarbeit in der Regionalregierung verweigert, wodurch Nordirland regierungslos ist (Stand: Ende 2023) und vorläufig vom britischen Parlament und dem nordirischen Beamtenapparat verwaltet wird. Auch das **Windsor Framework**, das im März 2023 als Zusatz zum Austrittsvertrag zwischen der EU und dem Vereinigten Königreich vereinbart wurde, konnte die DUP nicht umstimmen, ihre Blockade zu beenden: Darin wird festgelegt, dass es beim Warentransport zwischen Großbritannien und Nordirland eine grüne Spur für Waren gibt, die nicht für die EU bestimmt sind und deshalb nicht routinemäßig kontrolliert werden. Viele müssen nun mit einem Etikett mit der Aufschrift „Not for the EU" markiert werden.

Könnte der Brexit zur **Wiedervereinigung Irlands** führen? Im Prinzip ja, denn eine verbindliche Volksabstimmung in beiden Teilen der Insel kann laut Karfreitagsabkommen ausgerufen werden. Katholiken sind mittlerweile in der Mehrheit und zumindest die protestantische Mittelschicht hat ihre ideologischen Bedenken gegen eine Wiedervereinigung oder enge Kooperation aufgegeben, nicht zuletzt weil die Republik Irland mittlerweile ein moderner, progressiver und wohlhabender Staat ist. Andererseits sehen sich mehr und mehr Menschen nicht mehr primär als Briten oder Iren, sondern als Nordiren und wollen in erster Linie eine effektive Selbstverwaltung. Auch sind viele besorgt, dass eine Wiedervereinigung den Frieden gefährden könnte. Eine statistische Untersuchung der Zeitung The Irish Times aus dem Jahr 2022 zeigte, dass die Hälfte der Nordiren (mehr als drei Jahre zuvor) gegen eine Wiedervereinigung und weniger als ein Drittel dafür stimmen würden, wobei offensichtlich immer noch die Konfessionszugehörigkeit der stärkste Faktor ist, wofür gestimmt würde.

PRAKTISCHE REISETIPPS

076bf-kw

An- und Rückreise

Mit dem Flugzeug

Die größte Auswahl an Flugverbindungen hat man, wenn man zum **Dublin International Airport (DUB)** fliegt und dort die etwa zweistündige Busfahrt nach Belfast antritt. Diese Variante hat auch den Vorteil, dass man nur einen Personalausweis benötigt (s. S. 115). Die Busse fahren von Terminal 1 und 2 ab. Eine Fahrt kostet ca. 17 €. Ein Ticketkauf online und vorab ist günstiger.

- **Bus 705X** (Aircoach), www.aircoach.ie
- **Bus X1** (Translink), www.translink.co.uk
- **Bus 785** (Dublin Express), www.dublinexpress.ie

In Belfast selbst gibt es zwei Flughäfen: Den **Belfast International Airport** (BFS), der von Salzburg und Genf angeflogen wird und den **George Best Belfast City Airport** (BHD), den man von Frankfurt am Main aus erreichen kann. Von beiden Flughäfen fahren Busse zum Europa Bus Centre [A5] in der Belfaster Innenstadt.

- **George Best Belfast City Airport (BHD):** Airport Express 600 (Translink), 20 Minuten, Einzelfahrt 2,20 £ (www.belfastcityairport.com, www.translink.co.uk)
- **Belfast International Aiport (BFS):** Airport Express 300 (Translink), 50 Min., Einzelfahrt 8,50 £ (www.belfastairport.com, www.translink.co.uk)

•108 [A5] **Europa Bus Centre,** 10 Glengall Street, Belfast BT12 5AH

Vorseite: Auch in Belfast schützt Unwissenheit vor Strafe nicht

Mit dem Auto

Mit dem Pkw muss man zunächst entweder mit der **Fähre** von Dünkirchen oder Calais (Frankreich) nach Dover (Großbritannien) übersetzen (2 Stunden) oder aber durch den **Eurotunnel** (parkend auf speziellen Zügen, 35 Minuten) nach Folkestone fahren und von Fishguard, Holyhead oder Liverpool auf die irische Insel übersetzen. Alternativ kann man auch die etwa 20-stündige Überfahrt von Cherbourg oder Le Havre nach Rosslare oder von Roscoff nach Cork machen. Die **Fährverbindungen** recherchieren und buchen kann man unter www.ferrysavers.de oder z. B. beim auf Irland spezialisierten Reisebüro Gaeltacht Irland Reisen.

•109 [ef] **Fähranleger Belfast**

- **Gaeltacht Irland Reisen**, Tel. 02841 930111, www.gaeltacht.de

MEIN TIPP

Kurztrip nach Dublin

Von Belfast aus bietet sich ein Ausflug nach Dublin, in die andere Hauptstadt der Insel, an.

In etwas mehr als zwei Stunden kann man die Stadt gut **mit dem Zug oder Bus** erreichen. In Dublin lohnt sich z. B. ein Besuch in der Guinness-Brauerei, eine Einkehr im Ausgehviertel Temple Bar oder man schaut sich das berühmte „Book of Kells“ in der historischen Bibliothek von Trinity College an.

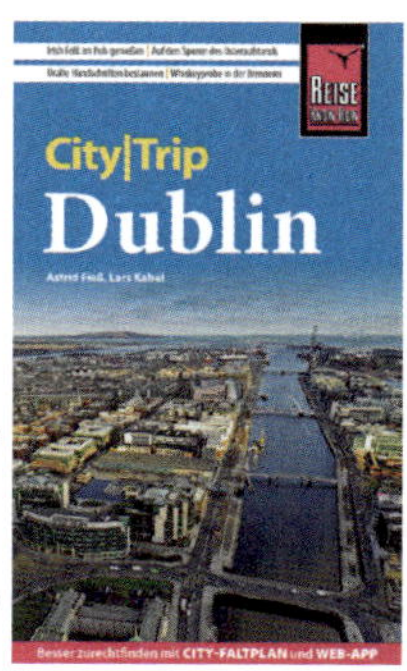

Mit der Bahn

Wer mit der Bahn fahren möchte, muss die **Fährverbindungen** (s. S. 112) in seine Planung integrieren. Die Überfahrt ist im Preis der Fahrkarte enthalten, wenn man die Strecke durchgehend bucht. Von Köln aus ist man etwa 20 bis 30 Stunden unterwegs. Die schnellste Verbindung schließt den Zug Eurostar ein, der von den Bahnhöfen Paris Nord und Brüssel Midi durch den Tunnel direkt nach London St. Pancras International fährt und dafür etwas länger als zwei Stunden braucht. Alle Züge, die über Dublin fahren, kommen am Bahnhof **Belfast Central** an. In der Innenstadt liegt der Bahnhof **Great Victoria Street** und im Queen's Quarter (Universitätsviertel) der Bahnhof **Botanic.** Von Liverpool aus kann man eine Direktfähre nach Belfast nehmen und kommt dort am Hafen an, von wo man mit dem Linienbus (Nr. 96, 3 £) oder mit einem Taxi (ca. 14–17 £) in die Innenstadt fährt.

Um sich im Tarif- und Fahrplandschungel zurechtzufinden, kann man die Dienste eines der beiden folgenden Reisebüros in Anspruch nehmen:

› **Gaeltacht Irland Reisen** (s. S. 112)
› **Gleisnost,** Tel. 0761 205513, www.gleisnost.de

•110 [D4] **Bahnhof Belfast Central,** East Bridge Street, BT1 3PB

•111 [A6] **Bahnhof Botanic,** 43 Botanic Avenue, BT7 1JR

•112 [A5] **Bahnhof Great Victoria Street,** BT2 7HR

Mit dem Bus

Meist preiswerter als das Fliegen und viel flexibler in Bezug auf Gepäck und kurzfristige Buchung ist es, mit dem **Langstreckenbus** zu reisen. Man muss dafür bei Flixbus eine Fahrt zur Victoria Station nach London buchen (z. B. ab Köln 12–18 Std.). Von London nach Belfast kommt man dann mit den Bussen von National Express (ca. 17 Stunden) oder mit dem Zug.

› www.flixbus.de
› www.nationalexpress.com

Der Zug aus Dublin am Belfaster Bahnhof

083fb-fk

Autofahren

Belfast kann gut zu Fuß und mit öffentlichen Verkehrsmitteln erschlossen werden. Man sollte überlegen, das Auto stehen zu lassen, denn **Staus** sind im Belfaster Straßenverkehr keine Seltenheit. Wie überall auf den Britischen Inseln wird **links gefahren. Geschwindigkeitsbegrenzungen** werden in Nordirland und Großbritannien in Meilen pro Stunde (mph) und in der Republik Irland in Kilometern pro Stunde (km/h) angegeben. In **Ortschaften** darf man in Nordirland 48 km/h (30 m/h) fahren (Republik Irland 50 km/h bzw. 31 m/h), **außerorts** 96 km/h (60 m/h, Republik Irland: 80 km/h bzw. 50 m/h), auf mehrspurigen **Schnellstraßen** 112 km/h (70 m/h, Republik Irland: 100 km/h bzw. 62 m/h) und auf **Autobahnen** 112 km/h (70 m/h, Republik Irland: 120 km/h bzw. 75 m/h). Die **Promillegrenze** in Nordirland liegt bei 0,8 ‰ und in der Republik Irland bei 0,5 ‰.

Wenn man ein **Auto** in einem der beiden Teile Irlands **mietet**, darf man damit meist die Grenze überqueren.

Einige **Parkplätze** in der Innenstadt:

P113 [B2] **Exchange Street Car Park,** BT1 2LJ. 46 Plätze, kostenpflichtig Mo.–Sa. 8–18 Uhr, 0,80 £ pro Stunde, sonst kostenlos, ab fünf Stunden jeweils 1 £ extra, zwei barrierefreie Parkmöglichkeiten.

P114 [B3] **Handy Park – Winetavern Street Car Park,** BT1 1RG. Nahe dem Castle Court Shopping Centre. 200 Plätze, 2,20 £ für die erste Stunde, 14,50 £ für 24 Std., geöffnet: tgl. rund um die Uhr

P115 [B2] **Little Donegall Street Car Park,** BT1 2JD. 105 Parkplätze, kostenpflichtig Mo.–Sa. 8–18 Uhr, 0,60 £ pro angefangener Stunde (maximal 5,40 £), sonst kostenlos, zwei barrierefreie Parkmöglichkeiten.

Barrierefreies Reisen

Die meisten Sehenswürdigkeiten, Hotels, Restaurants, Bahnhöfe und Busse sowie Züge in Belfast sind für **Rollstuhlfahrer** zugänglich. Zudem werden in vielen Bussen die Haltestationen angesagt, um die Nutzung für **Menschen mit Sehbeeinträchtigung** zu erleichtern. Auf der Website der britischen Organisation AccessAble kann man nach barrierefreien Hotels, Restaurants, Museen usw. in Belfast und anderen Städten suchen: www.accessable.co.uk.

Translink, das örtliche Nahverkehrsunternehmen hat eine Website, auf der man Information zu **barrierefreiem öffentlichen Nahverkehr** bekommt: www.translink.co.uk/usingourservicesandproducts/accessibility.

Außerdem gibt es auf www.belfastcity.gov.uk/publictoilets eine Liste und eine Karte aller **barrierefreien öffentlichen Toiletten.**

Die Organisation **Shopmobilty** stellt kostenlos **Rollstühle** und **Elektromobile** zur Verfügung. Gegen eine geringe Gebühr kann man diese auch länger mieten. Um diesen Dienst zu nutzen, muss man Mitglied werden, was kostenlos ist. Man braucht allerdings zwei Passfotos und den Reisepass oder Personalausweis sowie einen Nachweis über die Unterkunft in Belfast. Die von ehrenamtlichen und angestellten Mitarbeitern getragene Organisation hat zahlreiche Verleihstationen in Belfast, u. a. in der Innenstadt im Westgate House, im Ormeau Park (Ormeau Road, BT73GG) und im Museum Titanic Belfast 20 sowie an der Game of Thrones Studio Tour in Banbridge (s. S. 34).

i 116 [B3] **Shopmobility Belfast,** Westgate House, 2 Queen Street, BT1 6ED, Tel.

028 90808090, www.shopmobilitybelfast.co.uk, geöffnet: Mo.–Fr. 10–16 Uhr. Rollstühle (tgl., jeweils zuzüglich 20 £ Pfand): 1–2 Tage 15 £, 3–4 Tage 20 £, 5–7 Tage 30 £. Elektromobile *(mobility scooters)*: 35 £, 65 £, 80 £+50 £ Pfand.

Diplomatische Vertretungen

› **German Honorary Consulate in Londonderry/Derry** (Marion Lübbeke), 28 Templeard, Ballynagard, Londonderry BT48 8FE, Tel. +44 (0) 7306888914, https://uk.diplo.de/uk-en/01

117 **Consulate of Switzerland,** 54 Priory Park, BT10 0AE, Tel. +44 (0) 77 33595595, www.eda.admin.ch/london

Österreicher müssen sich an die Botschaft in London wenden. Alternativ gibt es natürlich auch die Botschaft im näher gelegenen und besser erreichbaren Dublin, aber wenn man sich offensichtlich in Nordirland aufhält, wird man in den meisten Fällen an die Londoner Vertretung verwiesen.

› **Austrian Embassy London,** 18 Belgrave Mews W, London SW1X 8HU, Tel. +44 (0)20 73443250, www.bmeia.gv.at/oeb-london
› **Austrian Embassy Dublin,** 6 Ailesbury Road, Dublin 4, Tel. +0353 12694577, www.bmeia.gv.at/oeb-dublin

Ein- und Ausreisebestimmungen

Seit Oktober 2021 benötigen EU-Bürger und Schweizer zur Einreise ins Vereinigte Königreich einen **Reisepass.** Es gibt derzeit eine Ausnahme: Von der Republik Irland aus, in die man nach wie vor mit Personalausweis einreisen kann, darf man ohne Reisepass die innerirische Grenze überqueren, an der es keinerlei Kontrollen oder Grenzinfrastruktur gibt. Reist man aber direkt nach Nordirland oder von dort per Schiff oder Flugzeug nach Großbritannien weiter, benötigt man einen Reisepass.

Ende 2024 soll im Vereinigten Königreich die **Elektronische Reisebewilligung ETA** („Electronic Travel Authorisation") eingeführt werden, über die man voraussichtlich auch verfügen muss, wenn man die irische Landgrenze überquert. Die ETA ist an einen Reisepass gebunden und wird durch dessen Scannen identifiziert. Da es keine inneririschen Grenzkontrollen gibt oder geben soll, beantragte das britische Oberhaus, das neue Gesetz so zu erweitern, dass Touristen in der Republik Irland keine ETA brauchen sollten, um Nordirland zu besuchen. Dies wurde aber vom Unterhaus abgelehnt. Die ETA wird 10 £ kosten, bis zwei Jahre nach Erwerb Gültigkeit haben und über eine App („UK ETA"), die Ende 2024 zum Download bereitstehen soll, oder online (www.gov.uk) zu beantragen sein.

Elektrizität

Die **Stromstärke und -spannung** in Irland und Großbritannien sind die gleichen wie in Deutschland, Österreich und in der Schweiz. Allerdings braucht man einen **Adapter,** um Stecker von zu Hause an die britisch-irischen Steckdosen anschließen zu können. Solche Reisesteckeradapter bekommt man online, in Elektroläden und an Flughäfen, aber auch in Belfast ist es kein Problem, noch einen *Europe to UK plug adapter* zu kaufen, etwa im Visit Belfast Welcome Centre (s. S. 117), in einer Filiale der Drogeriekette Boots oder gegenüber der Queen's University 24 im Laden im Gebäude der Students' Union.

Geldfragen

Zahlungsmittel in Nordirland ist wie im gesamten Vereinigten Königreich das **Britische Pfund**, auch als Pfund Sterling bezeichnet. Allerdings gibt es hier eine Vielzahl verschieden aussehender nordirischer Geldscheine für den jeweils gleichen Betrag (5, 10, 20, 50, 100 £), denn vier der in Nordirland ansässigen Banken geben **eigene Banknoten** heraus: die Bank of Ireland, die Ulster Bank, First Trust und kurioserweise die dänische Danske Bank. Daneben zirkulieren auch in geringerer Menge Banknoten der britischen Zentralbank Bank of England. Nordirische Banknoten gelten im Prinzip im ganzen Vereinigten Königreich und man kann sie auch wie jeden britischen Geldschein im Ausland umtauschen, aber es kann manchmal vorkommen, dass außerhalb Nordirlands die Annahme verweigert wird. Am Donegall Square West (rechts gegenüber der City Hall 1) steht ein Geldautomat der Danske Bank, der ausschließlich Geldscheine der Bank of England ausgibt.

Wenn man **Bargeld tauschen** möchte, ist dies im Vereinigten König-

064bf-fk

Einer der Geldautomaten der Danske Bank

Belfast preiswert

- Die preiswerteste **Übernachtungsart** sind Hostels, die meistens auch Privatzimmer anbieten. Man spart bei diesen Übernachtungsmöglichkeiten auch deshalb, weil man in einer Gemeinschaftsküche selbst kochen kann.
- Viele **Museen** und **Sehenswürdigkeiten** sind kostenlos, z. B. Ulster Museum 26, Oh Yeah Music Centre (s. S. 69), Discover Ulster Scots Centre (s. S. 68), Botanic Gardens 25, Queen's University 24, Ausstellungen in der Cultúrlann 30, City Hall 1, Linen Hall Library 2, das Parlament in Stormont 38 und die Wandgemälde in republikanischen und loyalistischen Vierteln.
- **Preiswertes Essen** unter 10 £ bekommt man zum Beispiel im Boojum (s. S. 79), einer mexikanischen Burrito-Bar. Die überall präsenten Fish-and-Chips-Lokale, zum Beispiel John Long's Fish & Chips Restaurant (s. S. 79) oder Maggie Mays Chippy (s. S. 79), sind ebenfalls eine preiswerte Möglichkeit, um sich satt zu essen.

065bf-fk

reich günstiger als zu Hause und in Banken preiswerter als bei Wechselstuben. Teilweise kann man wegen der Nähe zur Republik Irland in Belfast auch mit dem **Euro** zahlen.

Im Prinzip kommt man gut **ohne Bargeld** aus, denn das **Zahlen mit Kredit-** und **Debitkarte** ist meistens die bevorzugte und gelegentlich sogar die einzig mögliche Zahlungsart. Kontaktloses Zahlen mit der Karte oder dem Smartphone dominiert und funktioniert auch mit nicht-britischen Karten. Man sollte diese Zahlungsweise aber vor der Reise ausprobieren und sich ggf. bei der eigenen Bank informieren, ob man seine Karten freischalten muss. Empfehlenswert ist es auch, vor der Reise zu überprüfen, welche **Gebühren** für die Nutzung der eigenen Debitkarten (auch Girocard genannt) und Kreditkarten bei der Bargeldabhebung und bei der Kartenzahlung anfallen.

Wenn man vor die Wahl gestellt wird, bei einer Kreditkartenzahlung oder beim Geldabheben am Automaten in Euro/Franken oder Pfund zu zahlen, sollte man **Pfund wählen,** denn die Gebühren für die Währungsumwandlung vor Ort sind in der Regel wesentlich höher als das bei der eigenen Bank der Fall wäre.

Wechselkurse
(Stand: Ende 2023)

£ 1	1,15 €/1,10 SFr
1 €	£ 0,87
1 SFr	£ 0,91

Informationsquellen

Infostellen in der Stadt

ℹ **118** [B4] **Visit Belfast Welcome Centre,** 9 Donegall Square North, Belfast BT1 5GJ, zentral gegenüber der City Hall gelegen, Tel. +44 (0)28 90246609, https://visitbelfast.com/visit-belfast-welcome-centre, geöffnet: Mo.–Sa. 9–18, So. 11–16 Uhr. Moderne Informations-

Die Touristeninformation am Donegall Square

stelle mit vielen Broschüren, Computern, einem Laden und einer Wechselstube. Beratung und Unterstützung zu Unterkunft, Attraktionen, Fahrkarten und allen Fragen zu Belfast, aber auch Nordirland und dem Rest der Insel, auch auf Deutsch. Es gibt zudem Filialen an den beiden Flughäfen der Stadt.

- **Visit West-Belfast,** Cultúrlann McAdam Ó Fiaich (30). Der Informationsstand ist gegenüber dem Buchladen, www.visitwestbelfast.com. Unabhängige Touristeninformationsstelle, die vor allem über das katholische West-Belfast informiert.

Die Stadt im Internet

- **www.belfasttelegraph.co.uk:** Website der meistgelesenen Zeitung Belfasts
- **www.belfastlive.co.uk:** aktuelle Nachrichten und kulturelle Beiträge
- **www.visitwestbelfast.com:** Touristeninfos für das katholische West-Belfast

Publikationen und Medien

In Belfast erscheinen drei Tageszeitungen, die in ganz Nordirland gelesen werden:

Unsere Literatur- und Filmtipps

Bücher

- Um die Geschichte, Gesellschaft und Kultur beider Teile Irlands geht es im von den Autoren dieses CityTrips geschriebenen Band **„Irland/Nordirland"** der Reihe Kulturschock aus dem Reise Know-How Verlag. Thematisiert wird u. a. auch, welche Rolle die Konfession im irischen Alltag spielt und woran Nordiren erkennen, ob jemand Katholik oder Protestant ist.
- Von Robert Kerr, der als IRA-Mitglied 18 Jahre in britischen Gefängnissen inhaftiert war, stammt das handliche und praktische Büchlein **„The Belfast Mural Guide"**, in dem republikanische und loyalistische Wandgemälde mit Fotos, erklärenden Texten, der Straßenangabe, der Entfernung zur City Hall und GPS-Koordinaten aufgelistet sind. Am besten erhältlich vor Ort im Visit Belfast Welcome Centre (s. S. 117) und in der Cultúrlann (30).
- Die sieben Bände der Krimireihe über den Belfaster Kriminalbeamten Sean Duffey spielen Anfang der 1980er-Jahre. Der Protagonist ist als Katholik in der damaligen nordirischen Polizei ein Außenseiter, wodurch man viel darüber erfährt, wie sich Katholiken und Protestanten in Nordirland noch heute gegenseitig wahrnehmen. Der Autor Adrian McKinty stammt aus Carrickfergus bei Belfast, wo auch sein Romanheld Sean Duffey wohnt (Band 1: **„Der katholische Bulle"**, Originaltitel: „The Cold Cold Ground").
- Ein weiterer nordirischer Krimiautor ist Stuart Neville. Die Handlung seines Debütromans **„Die Schatten von Belfast"** (Originaltitel GB/IRL: „The Twelve" bzw. USA: „The Ghosts of Belfast") ist nach Ende des Nordirlandkonflikts angesetzt. Die Hauptfigur ist Gerry Fegan, der im Auftrag der IRA zwölf Menschen umbrachte. Diese lassen ihn nun nicht mehr los und scheinen ihn aufzufordern, Rache an denen zu üben, die ihren Tod veranlassten oder zuließen. Als Nebenfigur wird der Belfaster Kriminalbeamte Jack Lennon eingeführt, der Protagonist der nächsten drei Bänden der Reihe.

- **Newsletter:** gegründet 1737, britisch-unionistisch. Besprechungen von Konzerten und Kinofilmen donnerstags in der Beilage „24/7".
- **Irish News:** gegründet 1891, irisch-nationalistisch. Kulturbeilage freitags („Scene").
- **Belfast Telegraph:** gegründet 1879, moderat britisch-unionistisch, mehr auf ein Massenpublikum ausgerichtet als die anderen beiden Zeitungen. Die populärste Zeitung der Stadt, wird von Protestanten und Katholiken gelesen. Kulturbeilage freitags („Out there").

Internationale und selbst überregionale britische und irische Nachrichten werden in den drei nordirischen Zeitungen nur sehr knapp abgehandelt. Um zu erfahren, was anderswo in der Welt passiert, sollte man auf die großen britischen oder irischen Tageszeitungen ausweichen, die in fast allen Zeitungsgeschäften erhältlich sind.

In der einmal im Monat kostenlos verteilten Publikation **„the big list"** findet man aktuelle Veranstaltungshinweise für ganz Nordirland.

Filme

- **„'71 – Hinter feindlichen Linien"** (UK 2014, Regie: Yann Demange). Ein junger und unerfahrener britischer Soldat wird versehentlich in West-Belfast zurückgelassen.
- **„5 Minutes of Heaven"** (UK/IRL 2009, Regie: Oliver Hirschbiegel). Im ersten Teil des Films, der Ereignisse im Jahr 1975 darstellt, ermordet der 17-jährige Protestant Alistair Little im Auftrag einer paramilitärischen Gruppe den 19-jährigen Katholiken Jim Griffin. Im zweiten Teil, der 33 Jahre später und nach dem Ende des Nordirlandkonflikts spielt, wird ein Treffen zwischen Alistair, der für den Mord im Gefängnis saß, und Jims Bruder Joe vor laufenden Fernsehkameras geplant.
- **„Belfast"** (UK 2021, Regie: Kenneth Branagh). Ein neunjähriger Junge erlebt den Beginn der nordirischen Unruhen, die seine Familie schließlich dazu bewegen, nach England umzuziehen. Mehrfach mit Oscars preisgekrönter Film, basierend auf den Kindheitserinnerungen von Kenneth Branagh.
- **„Blue Lights"** (UK 2023): Aktuelle und populäre Fernsehserie der BBC über drei Polizisten auf Probe im heutigen Belfast. Gibt authentische Einblicke ins alltägliche Leben in der Stadt. Nur auf Englisch ohne deutsche Untertitel erhältlich.
- **„Good Vibrations"** (UK/IRL 2013, Regie: Lisa Barros D'Sa). Die wahre Geschichte von Terri Hooley, der zu den schlimmsten Zeiten des Nordirlandkonflikts in den 1970er-Jahren in Belfast einen auf Punk-Rock spezialisierten Plattenladen und bald darauf sogar eine Plattenproduktionsfirma gründet.
- **„Hunger"** (UK 2008, Regie: Steve McQueen). Eine Verfilmung der Geschichte des Hungerstreiks der IRA Anfang der 1980er-Jahre.
- **„The Fall – Tod in Belfast"** (UK/IRL 2013–2014): Spannende Krimiserie der britischen BBC und irischen RTÉ, die im heutigen Belfast spielt und gedreht wurde. Der Nordirlandkonflikt und auch die Bedeutung der Konfession in der Gesellschaft werden nicht thematisiert.

Internet

Fast alle Hotels, B&Bs und Herbergen bieten **WLAN**, in der Regel kostenlos. Die Stadtverwaltung stellt das **BelfastWiFi** zur Verfügung: Über die Stadt verteilt gibt es mehr als 100 WLAN-Hotspots. Man muss lediglich jedes Mal beim Einloggen die Nutzungsbedingungen akzeptieren und dann auf „Connect to free wifi" klicken. Wenn die Seite mit den Nutzungsbedingungen nicht automatisch erscheint, muss man dazu ein neues Browserfenster öffnen. Zudem bieten zahlreiche **Restaurants**, **Pubs** und **Cafés** kostenlosen WLAN-Zugang an.

LGBT+

Der Nordosten Irlands war 2020 die letzte Region der britischen Inseln, in der die gleichgeschlechtliche Ehe eingeführt wurde und das auch nur, weil vorübergehend die britische Zentralregierung statt der nordirischen Regionalregierung in der Verantwortung war. Der übergroße gesellschaftliche Einfluss evangelikaler Protestanten und der katholischen Kirche bremst den Fortschritt. Belfast hat dennoch eine lebendige LGBT-Szene und hier findet jährlich im August das große LGBT-Festival **Belfast Pride** statt.

- https://belfastpride.com
- Weitere Infos und Termine: www.rainbow-project.org/belfast

119 [B2] **Kremlin,** 96 Donegall Street, BT1 2GW, www.kremlin-belfast.com, geöffnet: Di., Do. 22–2, Fr., Sa. 21–3, So. 9–2 Uhr. Belfasts wohl bekanntester Gay-Nachtclub, für Männer und Frauen.

120 [B2] **Maverick Bar,** 106–110 Donegall Street, BT1 2GX, www.themaverickbelfast.com, geöffnet: Mo.–Do. 17–1, Fr., Sa. 14–1, So. 14–24 Uhr. Gay Bar, mit Club Boombox im Obergeschoss. Für Männer und Frauen.

121 [B2] **Union Street Bar,** 8–14 Union Street, BT1 2JF, www.unionstreetbar.com, geöffnet: Mo., Di. 17–1, Mi.–Sa. 12–1.30, So. 13–1 Uhr. Bar in einer ehemaligen Schuhfabrik mit Restaurant und Nachtclub Shoe Factory. Für Männer und Frauen, jeden ersten Fr. im Monat nur für Männer (Clubnacht „Bubu").

069bf-fk

Maße und Gewichte

Längenmaße

- 1 inch (in) = 2,54 cm
- 1 foot (ft) = 12 Zoll = 30,48 cm
- 1 yard (yd) = 3 Fuß = 91,44 cm
- 1 mile (mi) = 1760 yards = 1609,344 m

Flüssigkeitsmaß und Gewichte

- 1 pint (pt) = 0,568 l
- 1 ounce (oz) = 28,35 g
- 1 pound (lb) = 16 Unzen = 453,59 g
- 1 stone (st) = 14 Pfund = 6,348 kg

Medizinische Versorgung

Der Gesundheitsdienst Nordirlands heißt **HSC (Health and Social Care in Northern Ireland)**, oft wird aber auch der im restlichen Königreich gebräuchliche Name **NHS (National Health Service)** verwendet. Ausländer mit Wohnsitz in der EU/Schweiz haben trotz Brexit nach Vorlage der Europäischen Krankenversicherungskarte (European Health Insurance Card = EHIC, auf der Rückseite der Krankenversicherungskarte) das Recht, bei Notfällen von einem beim HSC registrierten Arzt kostenlos behandelt zu werden. **Zahnärzten** des HSC muss man 80 % ihres Honorars bis zu einem Höchstsatz von 384 £ selbst zahlen. Transporte nach Hause sind mit der Karte nicht abgedeckt. Dafür benötigt man eine gesonderte **Auslandskrankenversicherung.**

Apotheken erkennt man am Schriftzug „pharmacy". Gelegentlich haben sie ein grünes Kreuz im Logo. Man findet Apotheken auch oft in großen Filialen der Drogeriekette Boots.

Bei einer Erkrankung muss man sich an einen **Allgemeinmediziner** *(general practitioner, GP)* wenden, der Patienten ggf. an Fachärzte überweisen kann. Medikamente auf Rezept sind in Nordirland kostenlos.

› Die **Notrufnummer** ist 999 oder alternativ 112.

Krankenhäuser

122 [A1] **Mater Hospital,** Emergency Department, 45–51 Crumlin Road, BT14 6AB, Bus 11, 12, Tel. 028 90741211, https://belfasttrust.hscni.net/hospitals/mater. Akutklinik mit Notaufnahme.

123 [bh] **Royal Victoria Hospital,** Emergency Department Reception, 274 Grosvenor Road, BT12 6BA, Bus 10a/b/h/j/k/m/j, 646, Glider G1, Haltestelle „Falls, Royal Hospitals", Tel. 028 90240503

124 [bi] **The Royal Belfast Hospital for Sick Children,** Emergency Department, 274 Grosvenor Road, BT12 6BA, Bus 10a/b/h/j/k/m/j, 646, Glider G1, Verkehrsverbindungen wie zum Royal Victoria Hospital (s. o.), Tel. 028 90240503. Spezielle Notaufnahme für Kinder.

Zahnklinik

125 [ci] **Belfast City Hospital,** Relief of Dental Pain Clinic, Dental Outpatients Department Wing F, 51 Lisburn Road, BT9 7AB, Tel. 028 90329241, https://belfasttrust.hscni.net/hospitals/bch, Bus 8, 9. Nur bei akuten Zahnschmerzen, wenn kein regulärer Zahnarzt zur Verfügung steht.

Ärzte

Wenn es kein Notfall ist, sollte man direkt zu einem Arzt gehen. Adressen erfragt man im Hotel oder im Visit Belfast Welcome Centre (s. S. 117) bzw. findet sie auf der folgenden Website:

› https://online.hscni.net/hsc-service-finder/

Außerhalb der regulären Öffnungszeiten kann man auch telefonisch erfragen, welche Ärzte **Bereitschaft** haben:

› Süd- und Ost-Belfast: Tel. 028 90796220

› Nord- und West-Belfast: Tel. 028 90744447

Die Maverick Bar ist in der LGBT-Szene beliebt

Mit Kindern unterwegs

Auch Kinder kommen in Belfast auf ihre Kosten. Viele der Museen sind ausgesprochen kinderfreundlich, allen voran das **W5 Interactive Discovery Centre** (s. S. 69), das Wert darauf legt, kein Museum, sondern ein *science and discovery centre* zu sein. Spielerisch und mit allen Sinnen kann man hier vieles aus Technik und Naturwissenschaften entdecken.

Im **Ulster Museum** 26 (Kinderzentren in jeder Abteilung) faszinieren vor allem das Dinosaurierskelett und die Mumie und das **Titanic Belfast** 20 weckt mit seinen multimedialen Präsentationen auch bei Kindern die Faszination für das berühmte Schiff. In der **SS Nomadic** 19, einem Zubringerschiff der Titanic, das jetzt als eigenes Museum fungiert, hängen Kostüme aus, mit denen sich Kinder im Stil des frühen 20. Jh. verkleiden können.

Die bunten politischen **Wandgemälde** in West-Belfast (s. S. 54) dürften auch Kinder einige Zeit beschäftigen. Wer das **Museum of Orange Heritage** 39 besuchen möchte, wird dort auf einen Raum mit kindgerechten Aktivitäten stoßen: So kann man sich dort z. B. verkleiden oder ein Wappen für eine Oranier-Loge entwerfen. Die Organisation wird von vielen Nordiren kritisch gesehen (s. S. 60), weshalb jeder selbst entscheiden muss, ob sein Kind sich in dieser Form mit diesem Aspekt des Lebens in Nordirland beschäftigen soll. Zuletzt sei **Aunt Sandra's Candy Factory** (s. S. 88) erwähnt, ein traditioneller Süßigkeitenhersteller, dessen Laden im Stil der 1950er-Jahre belassen ist und der Workshops anbietet, in denen man seiner Kreativität freien Lauf lassen und z. B. eine Schokoladenpizza herstellen kann.

Notfälle

Wie in der EU gilt im Vereinigten Königreich die einheitliche **Notrufnummer 112**, neben der traditionellen britischen Nummer **999.** Mit beiden Nummern erreicht man Polizei, Feuerwehr und Ambulanz. Wenn es sich um keinen unmittelbaren Notfall handelt, kann man die **Polizei** auch unter der Nummer **101** erreichen. Die Telefonnummern und Adressen der Krankenhäuser finden sich auf Seite 121.

In Notfällen, wie beim Verlust der Ausweispapiere oder wenn medizinische und anwaltliche Hilfe sowie ein Dolmetscher erforderlich sind, kann man sich an das **Konsulat oder die Botschaft des Heimatlands** (s. S. 115) wenden.

Bei **Verlust der Debit-/Giro-, Kredit-** oder **SIM-Karte** gibt es für Kartensperrungen eine **deutsche Zentralnummer** (unbedingt vor der Reise klären, ob die eigene Bank bzw. der jeweilige Mobilfunkanbieter diesem Notrufsystem angeschlossen ist). **Aber Achtung:** Mit der telefonischen Sperrung sind die Bezahlkarten zwar für die Bezahlung/Geldabhebung mit der PIN gesperrt, nicht jedoch für das **Lastschriftverfahren mit Unterschrift.** Man sollte daher auf jeden Fall den Verlust zusätzlich **bei der Polizei zur Anzeige bringen**, um gegebenenfalls auftretende Ansprüche zurückweisen zu können.

In **Österreich** und der **Schweiz** gibt es keine zentrale Sperrnummer, daher sollten sich Besitzer von in diesen Ländern ausgestellten Debit- oder Kreditkarten vor der Abreise bei ihrem Kreditinstitut über den zuständigen Sperrnotruf informieren.

Generell sollte man sich immer die **wichtigsten Daten** wie Kartennum-

066bf-fk

mer und Ausstellungsdatum **separat notieren**, da diese unter Umständen abgefragt werden.

› **Deutscher Sperrnotruf:** Tel. +49 116116 oder Tel. +49 3040504050
› **Weitere Infos:** www.kartensicherheit.de, www.sperr-notruf.de

Öffnungszeiten

Viele **Supermärkte** und kleinere **Lebensmittelgeschäfte** haben sieben Tage die Woche geöffnet, oft bis spät in die Nacht. In der **Innenstadt** sind die Geschäfte in der Regel Mo. bis Sa. von 9.30 bis 17.30 Uhr geöffnet, Do. bis 20 oder 21 Uhr. Einige Läden dort haben auch sonntags geöffnet.

Post

Das **Porto** für eine Postkarte und einen Brief (bis 20 g) ins europäische Ausland kostet 2,20 £. Die Postsendung sollte drei bis vier Arbeitstage unterwegs sein.

✉**126** [C3] **Belfast City Post Office,** 12–16 Bridge Street, BT1 1LT, geöffnet: Mo. u. Mi.–Sa. 9–17.30 Uhr, Di. 9.30–17.30 Uhr
✉**127** [A8] **Botanic Gardens Post Office,** 95 University Road, BT7 1NG, geöffnet: Mo.–Fr. 8–17 Uhr

Radfahren

In Belfast gibt es **BelfastBikes**, ein öffentliches Fahrradverleihsystem, das von der Leipziger Firma nextbike betrieben wird, die auch vielerorts in Deutschland, Österreich, der Schweiz und anderswo vertreten ist.

071bf-fk

⌃ *Ein typischer Belfaster Briefkasten*

› *Mietfahrräder in der Waring Street [C3]*

An 50 Fahrradmietstationen *(docking stations)* kann man in Belfast eins oder mehrere der über 400 Fahrräder leihen und an jeder beliebigen Station wieder abgeben. Zur Anmeldung muss die App oder die Website genutzt werden. Dort muss man sich für Belfast anmelden.

› **App nextbike** (kostenlos für iOS und Adroid) oder www.nextbike.de, Hotline in Deutschland 030 69205046, einzuzahlendes Startguthaben 5 £, Basistarif 1 £/30 Min., verschiedene Abomodelle

Sicherheit

Belfast hat, wie ganz Nordirland, eine im europäischen Vergleich relativ niedrige Kriminalitätsrate. Es gibt aber nach wie vor von einer Minderheit ausgeübte Gewaltverbrechen gegen Angehörige der jeweils anderen Volksgruppe (Katholiken, Protestanten, in letzter Zeit auch gegen Immigranten aus Osteuropa und Asien). **Touristen** sind aber nicht das Ziel solcher Angriffe und bleiben normalerweise unbehelligt. Eine gewisse Vorsicht sollte man dennoch in den eindeutig **republikanischen oder loyalistischen Vierteln**, die man an der Präsenz vieler Wandgemälde und Fahnen erkennt, an den Tag legen. Man sollte hier mit eigenen Meinungsäußerungen vorsichtig sein und keine Kleidungsstücke (etwa T-Shirts) mit britischen oder irischen Fahnen oder anderen relevanten Symbolen tragen.

Das **katholische West-Belfast**, früher eine Hochburg der IRA und nach wie vor fest in der Hand von deren politischem Flügel Sinn Féin, ist allerdings touristenfreundlich und hier existiert auch eine eigene Infrastruktur mit Dienstleistungen für Reisende. Ansonsten sollte man sich in solchen Vierteln **nur tagsüber aufhalten** und **Pubs dort meiden.**

Wenn man während der **Paraden des Oranier-Ordens** (s. S. 60) in Belfast ist und sich diese ansehen will, empfiehlt es sich, dies im Universitätsviertel im Süden der Stadt zu tun und vor allem die Gegend um die Ormeau Bridge oder Nord-Belfast zu meiden, wo Gegenproteste manchmal in Gewalt münden.

Sprache

Wie die meisten Iren und Briten sind auch die Belfaster nur in Ausnahmesituationen einer Fremdsprache mächtig und Museen haben meist keine fremdsprachigen Schrifttafeln. Gelegentlich werden aber **deutschsprachige Broschüren** verkauft oder kostenlos angeboten und mancherorts gibt es **Audioguides** mit deutschen Texten. In der **Touristeninformation** (s. S. 117) arbeiten mehrere deutschsprachige Mitarbeiter, die auch Buchungen durchführen können. Bei der Hop-on-Hop-off-Tour von **Sightseeing Belfast** (s. S. 125) sind die roten Doppeldecker mit einem Audiosystem ausgestattet, über das man per Kopfhörer deutsche Kommentare hören kann.

Wie alle Dialekte im Norden der Insel Irland ist das **Belfaster Englisch** schottischen Dialekten näher als südirischen. Um sich einzuhören, kann man auf die Filmtipps auf Seite 118 zurückgreifen.

Man stößt in Belfast zudem gelegentlich auf die **irische Sprache** (auch **Irisch-Gälisch** genannt), die vor allem Katholiken, aber mehr und mehr auch Protestanten in der Schule und in Abendkursen gelernt haben und die im Kulturleben der Stadt vermehrte Verbreitung findet.

Im Anhang finden sich einige englische (s. S. 134) und irische (s. S. 136) Sätze und Begriffe. Zur weiteren Vertiefung sind die Kauderwelsch-Sprachführer Englisch und Irisch-Gälisch aus dem Reise Know-How Verlag empfehlenswert.

Stadttouren

Hop-on-Hop-off-Busse

Es gibt in Belfast gleich zwei Anbieter für **Hop-on-Hop-off-Bus-Touren**, deren Angebot recht ähnlich ist: Man kann innerhalb von zwei oder drei Tagen beliebig oft in die teils oben offenen Doppeldeckerbusse des jeweiligen Anbieters einsteigen und sie sowohl zum einfachen Transport von einer Sehenswürdigkeit zur nächsten (tagsüber alle 30 Min.) oder für eine längere Stadtrundfahrt (Dauer 90–105 Min.) nutzen. Ein Fremdenführer erklärt die Sehenswürdigkeiten.

› **City Tours Belfast,** Tel. 028 90321912, www.citytoursbelfast.com, Livekommentar auf Englisch, Erwachsene 19 £ (zwei Tage 24 £), Kinder 12 £, Familien 65 £

› **Sightseeing Belfast,** Tel. 028 90321321, https://belfastcitysightseeing.com, Audiokommentar per Kopfhörer, auch auf Deutsch, Erwachsene 20 £ (zwei Tage 25 £), Kinder 13 £, Familien 66 £

Stadtrundfahrten

› **Black Taxi Tours:** Eine Besonderheit Belfasts ist, dass der öffentliche Nahverkehr in einigen republikanischen und seltener auch loyalistischen Vierteln der Stadt während der bürgerkriegsähnlichen Unruhen bis Ende der 1990er-Jahre durch ausrangierte schwarze Londoner Taxis übernommen wurde, die bis heute feste Routen abfahren. Viele fahren jetzt auch Touristen herum und erklären die Wandgemälde und andere Sehenswürdigkeiten. Der Mindestpreis

Stadtrundfahrt im halboffenen Bus

070bf-fk

für die Taxitour mit bis zu drei Personen, die etwa 90 Minuten dauert, beträgt in der Regel 60 £, für jede weitere Person muss man 15 £ zahlen. Im Visit Belfast Welcome Centre kann man eine solche Tour buchen und in den meisten Hotels, Jugendherbergen und B & B-Unterkünften liegen entsprechende Faltblätter aus. Der Hauptanbieter ist Taxitrax. Die Firma unterhält ein Terminal in der Nähe der Innenstadt (35A Kingstreet BT1 1HE, Tel. 078 92716660, http://taxitrax.com).

Stadtrundgänge

- **Belfast Walking Tours:** Stadtführungen von lokalgeschichtlich fachkundigen Autoren, Historikern und Musikern, z. B. „Troubles Tour“ (2½ Std.) und „Hidden Belfast“ (1½ Std.). Preis pro Person 21,20 £. Weitere Informationen und Buchung: www.experiencebelfast.com, Tel. 077 71640746.
- **Coiste – Irish Political Tours:** Rundgänge vor allem im katholischen West-Belfast, geführt von ehemaligen Mitgliedern der IRA, die im Gefängnis saßen und nun in der Organisation Coiste na n-iarchimí („Komitee der Ex-Häftlinge“, ausgesprochen „koschtte ne nirchimmii“) organisiert sind. Termine findet man auf der Website, auf der man auch seine Teilnahme buchen kann. Verschiedene thematische Touren stehen zur Auswahl. Bei der sehr empfehlenswerten Joint Falls/Shankill-Tour wird man nach einer Tour der Falls Road aus republikanischer Perspektive an einen loyalistischen Fremdenführer übergeben, der die Tour in der Shankill-Road-Gegend fortsetzt. Erwachsene 15 £, ermäßigt 12 £ (www.coiste.ie, Tel. 028 90200770).
- **DC Tours – A History of Terror in Belfast:** Thematisiert wird in diesem von zwei Sozialarbeitern und Historikern getragenen Projekt das Leben mit dem Terror zwischen 1971 und 1998. Die History-of-Terror-Tour schlägt sich dabei weder auf die republikanische noch auf die loyalistische Seite, ist aber trotzdem alles andere als unpolitisch. Die Dauer der Führung beträgt etwa zweieinhalb Stunden. Daneben gibt es auch die dreistündige The-Best-of-Belfast-Stadtführung, die einen allgemeineren Überblick über die Stadt und ihre Geschichte gibt. Nur nach Voranmeldung auf der Website. Treffpunkt: Haupttor der Belfast City Hall **1**. History of Terror: tägl. 10.30 Uhr, Best of Belfast: mehrmals wöchentl. 10 Uhr, Preis: 20 £ pro Person. Weitere Informationen und Buchung unter www.deadcentretours.com.
- **James Connolly Heritage Trail:** veranstaltet vom James Connolly Visitor Centre (s. S. 68). Es geht um das Leben des irischen Sozialisten James Connolly, Belfasts jüngere politische Geschichte und die Industriegeschichte mit einem Fokus auf Frauen und der Arbeiterschicht. Freitags 10.30 Uhr, 3 Std., 15 £. Weitere Informationen und Buchung: https://arasuichonghaile.com/heritagetrail.
- **Sandy Row Tours:** In der sozial benachteiligten loyalistischen Enklave Sandy Row am Rand des Stadtzentrums werden dank des Projekts „Revitalize our Heritage“ historische Führungen angeboten. Durchgeführt werden sie von Anwohnern, die zu Fremdenführern ausgebildet wurden und oft, so die Eigenbeschreibung, „Mitglieder in der lokalen Flötenband oder im Oranier-Orden sind und ein extensives Wissen über die Geschichte dieser Institutionen haben“. Die Tour thematisiert die Ursprünge des Viertels, dessen industrielles Erbe, die Weltkriege und die Zeit des Nordirlandkonflikts. Treffpunkt: Wandgemälde König Williams III. of Orange gegenüber dem Holiday Inn Belfast City Centre (s. S. 128), mehrmals täglich (10, 12, 14 Uhr und nach Absprache), Teilnahme nur nach Voranmeldung. Pro Person 7,50 £. Wei-

tere Informationen und Buchung: www.facebook.com/rowyouknow, Tel. 077 95024419.

- **Street Art Walking Tour Cathedral Quarter:** Zweistündige Stadtführung zu Belfasts neuen Wandgemälden, die „die Leute zusammenbringen und sie nicht voneinander fernhalten". Treffpunkt: Duke of York Pub (s. S. 80), So. 12–14 Uhr. Preis: 10 £. Weitere Informationen und Buchung im Visit Belfast Centre (s. S. 117) und https://blackboxbelfast.ticketsolve.com.

Es gibt **zahlreiche weitere Stadtführungen,** etwa kulinarische Touren, Führungen zu übernatürlichen Erscheinungen, Touren per Fahrrad oder joggend sowie Bus- und Studiotouren zur Serie „Game of Thrones" (s. S. 34). Weitere Informationen bekommt man direkt beim Visit Belfast Welcome Centre (s. S. 117) oder auf deren Website www.visit-belfast.com.

Telefonieren

Um ins Ausland zu telefonieren, muss man folgende **internationale Vorwahlen** wählen:

- **Deutschland:** 0049
- **Österreich:** 0043
- **Schweiz:** 0041
- **Republik Irland:** 00353

Vom Ausland aus wählt man die **britische Ländervorwahl 0044** vor und dann die überall in Nordirland gültige **Vorwahl 028** ohne die Null.

Im Prinzip muss man in Nordirland, anders als in der Republik Irland, **Roaminggebühren** zahlen, aber einige Handy-Anbieter behandeln das Vereinigte Königreich weiterhin wie ein EU-Land.

Uhrzeit

Bei einem Besuch in Irland und Großbritannien muss man die **Uhr eine Stunde zurückstellen.** Sommer- und Winterzeit werden parallel zu uns eingeführt, es ändert sich also nichts an der einen Stunde Unterschied.

Unterkunft

Da der Tourismus eine Wachstumsindustrie in Nordirland ist, vergrößert sich die Auswahl an Unterkünften stetig: Von teuren Edelhotels über familienbetriebene B & Bs bis zu Hostels gibt es etwas für jeden Geschmack und Geldbeutel. Die meisten Unterkünfte sind im **Süden der Stadt** angesiedelt. Es gibt aber zunehmend auch Hotels im **Zentrum**, im **Cathedral Quarter** und im **Titanic Quarter.** B & Bs (Bed and Breakfasts) reichen von einfachen Wohnhäusern, in denen man fast wie ein Privatbesucher unterkommt, bis zu luxuriösen Stadthäusern aus dem 19. Jahrhun-

Buchungsportale

Neben Buchungsportalen für **Hotels** (z. B. www.booking.com, www.hrs.de oder www.trivago.de) bzw. für **Hostels** (z. B. www.hostelworld.com) gibt es auch Anbieter, bei denen man **Privatunterkünfte** buchen kann. Portale wie www.airbnb.de oder www.wimdu.de vermitteln Wohnungen, Zimmer oder auch nur einen Schlafplatz auf einer Couch. Diese oft recht günstigen Übernachtungsmöglichkeiten sind nicht unumstritten, weil manchmal normale Wohnungen gewerblich missbraucht werden. Einige Städte greifen deshalb regulierend ein.

dert. Bei den größeren B&Bs sind die Grenzen zu Hotels fließend.

Wie fast überall sind die **Preise** im Sommer (Hauptsaison: Juli–August) am höchsten. Vor allem bei den Hotels verändern sich die Preise je nach Angebot und Nachfrage täglich. Deshalb sollte man nach Möglichkeit frühzeitig und direkt bei der Unterkunft buchen. Übrigens sind viele Hotelgäste nach wie vor Geschäftsreisende, weshalb die Preise am Wochenende oft günstiger sind als unter der Woche.

In Belfast hilft das Visit Belfast Welcome Centre (s. S. 117), das auch deutschsprachige Mitarbeiter beschäftigt, spontan eine Unterkunft zu finden.

Das Portal **www.bandbireland.com** ist spezialisiert auf die Vermittling von B&Bs in der Republik und Nordirland.

094bf-fk

Die Bar des Titanic Hotels (s. S. 129) erinnert ein wenig an das Interieur des Luxusdampfers

Hotels

128 [A6] **Benedict's of Belfast** ££££, 7–21 Bradbury Place, Shaftsbury Square, BT7 1RG, in der Ausgehmeile zwischen Uni und Innenstadt, Tel. 028 90591999, www.benedictshotel.co.uk. **4-Sterne-Hotel in Familienbesitz:** Zum Empfang gibt es ein Gratisgetränk. Kostenlose Tageszeitungen, zwei barrierefreie Räume. Parken 10,50 £/Tag auf einem nahegelegenen Parkplatz (NCP, Dublin Road).

129 [B5] **Clayton Hotel** £££-££££, 22 Ormeau Avenue, BT2 8HS, Tel. 028 90328511, www.claytonhotelbelfast.com. **4-Sterne-Hotel in zentraler Lage:** Das einzige Hotel in der Innenstadt mit Schwimmbad. Mit Sauna und Fitnessstudio. Sonderpreis beim nahegelegenen NCP-Parkplatz in der Dublin Road: 12,50 £/24 Stunden.

130 [B5] **Etap Belfast** ££, 35 Dublin Road, BT2 7HE, zentral zwischen Innenstadt und Universität, gegenüber den Movie House Cinemas, Tel. 028 90328126, www.accorhotels.com (auf der deutschsprachigen Seite als Reiseziel „Belfast, Vereinigtes Königreich" eingeben). **Freundliches Budget-Hotel:** 146 teils barrierefreie Zimmer, einfaches Frühstücksbuffet. Lärmempfindliche Gäste sollten um ein Zimmer auf der vom benachbarten Nachtclub abgelegenen Seite bitten.

131 [A5] **Holiday Inn Belfast City Centre** £££, 40 Hope Street, BT12 5EE, Tel. 028 90242494. **Preiswertes, zentral gelegenes Hotel:** kleines Fitnessstudio,

13 barrierefreie Räume. Verbilligte Nutzung des Parkplatzes der Great Northern Mall für 12 £/Tag (2 Minuten Fußweg zum Hotel).

132 [A7] **House** £££, 59–63 Botanic Avenue, BT7 1JL, Tel. 028 90509800, www.housebelfast.co.uk. **Inmitten trendiger Coffee Shops und Restaurants bei der Universität gelegen:** Hinter der Bar steht ein Baum und jedes Zimmer ist mit einer Espresso-Maschine ausgestattet.

133 [C2] **Ramada Encore** £££, 20 Talbot Street, BT1 2LD, im Cathedral Quarter gleich bei der St. Anne's Cathedral gelegen, Tel. 0808 1000783 (zentrale Hotline der Ramada-Kette), www.ramada.co.uk. **Sauber und zweckmäßig:** Mitten zwischen Pubs und Restaurants, die Innenstadt ist nur wenige Minuten entfernt. Gutes Frühstücksbuffet, einige barrierefreie Räume.

134 [F1] **Titanic Hotel Belfast** ££££, Queens Road, BT3 9DT, Tel. 028 95082000, www.titanichotelbelfast.com. **Übernachten beim Titanic-Museum** 20: Hier kann man – getreu dem Namen – im ehemaligen Hauptquartier der Firma Harland & Wolff wohnen. Die Zimmer sind im Art-déco-Stil mit nautischen Elementen eingerichtet. Am spektakulärsten ist aber das Restaurant in Drawing Room 2, dem ehemaligen Planungsbüro der Firma mit seiner hohen, gewölbten Decke. Das Hotel ist nicht billig, aber man kann Angebote finden, die noch im genannten Preisrahmen liegen.

Preiskategorien

Wenn nicht anders angegeben, beziehen sich die Preise auf ein Doppelzimmer mit Frühstück in der Hauptsaison.

£	bis 69 £
££	70 bis 89 £
£££	90 bis 119 £
££££	ab 120 £

Bed and Breakfast

135 [aj] **Greenmount B & B** ££, 45 Andersonstown Road, BT11 9AF, Tel. 028 90613529, www.greenmountbandb.com. **Abseits der Touristenströme:** Familiengeführtes B & B im Westen der Stadt. Garten, kostenlose, aber begrenzte Parkmöglichkeit, kontinentales Frühstück mit Käse, Wurst, Joghurt, Müsli, Obst, Kaffee und Tee.

136 [dj] **Ravenhill Guesthouse** £££, 690 Ravenhill Road, BT6 0BZ, Tel. 028 90207444, www.ravenhillhouse.com. **Stadthaus von 1886 mit persönlicher Atmosphäre:** im Südosten der Stadt, unweit der Ormeau Road, wo es viele Restaurants gibt. Die Besitzer Olive und Roger Nicholson begrüßen neue Gäste mit Tee oder Kaffee und Shortbread. Vegane Frühstücksoption, Parkplatz.

137 [ci] **The Gregory** £££, 30 Eglantine Avenue, BT9 6DX, Tel. 028 90995121, https://warrencollection.com/the-gregory. **Stadthaus im Süden nahe dem Botanischen Garten:** Mit Garten, Wohnzimmer und Parkplatz.

138 [bj] **The Old Rectory** £££, 148 Malone Road, BT9 5LH, Tel. 028 90667882, www.anoldrectory.co.uk. **Übernachten in einem ehemaligen Pfarrhaus:** Vegane und glutenfreie Frühstücksoptionen, Parkmöglichkeiten vor dem Haus.

Hostels

139 [A6] **Belfast International Youth Hostel** £, 22–32 Donegall Road, BT12 5JN, Tel. 028 90315435, www.hini.org.uk. Jugendherberge des nordirischen Jugendherbergswerks, alle Altersgruppen sind willkommen, auch Doppel- und Zweibettzimmer mit eigenem Bad. Ohne Frühstück, aber gute Auswahl an Frühstücken aus aller Welt im sich neben der Herberge befindenden Alan's Causeway Café (s. S. 76). Kostenloser Parkplatz.

140 [A7] **Botanical Backpackers** £, 63 Fitzwilliam Street, BT9 6AX, Tel. 028 90242867, https://botanicalbackpackers.co.uk. Bett im Schlafsaal 26,60 £. Hostel im Univiertel in einem viktorianischen Stadthaus, ca. 15 Minuten zu Fuß zur Innenstadt. Mit Küche, kleinem Garten und Kamin mit Kohlefeuer, keine Privatzimmer.

141 [cj] **Queen's University – Elms Village** £, 78 Malone Road, BT9 5BW, Tel. 028 90974525, www.qub.ac.uk/accommodation/summer. **Wohnen wie Studierende in Belfast:** Während der Sommersemesterferien von Juli bis Anfang August werden die Studentenzimmer mit Bad in einem dreistöckigen Gebäude vermietet. Gemeinschaftsküche und Waschmaschine (gegen Gebühr), Handtücher und Bettzeug eingeschlossen.

142 [A7] **Vagabonds** £, 9 University Road, BT7 1NA, Tel. 028 90209600. Hostel der Globetrotter Tara und Curt im Univiertel, zwei Minuten vom Bahnhof Botanic entfernt. Kontinentales Frühstück ist im Preis inbegriffen, Handtücher gegen eine Gebühr, auch Doppel- und Zweibettzimmer.

Verhaltenstipps

Belfaster sind freundlich und Besuchern gegenüber aufgeschlossen und Gespräche werden oft mit einer Prise trockenem Humor gewürzt. Grundsätzlich gibt es keine großen Unterschiede im Verhalten der Menschen in Nordirland einerseits und in Deutschland, Österreich und der Schweiz andererseits.

Man kann sich durchaus auch über die **politische Situation** und die gesellschaftlichen Spannungen in Nordirland unterhalten, sollte dies aber mit viel **Fingerspitzengefühl** tun. Es ist besser, eher zu fragen und zuzuhören und vorsichtig mit eigenen Bewertungen zu sein. Bedenken Sie, dass man in Nordirland in die katholische oder protestantische Bevölkerung hineingeboren wird und dadurch auf eine bestimmte Art wahrgenommen wird, auch wenn man alles daran setzt, aus diesem Muster auszubrechen.

072bf-fk

Der Alkoholgenuss in der Öffentlichkeit ist hier verboten

Verkehrsmittel

Belfast ist **gut zu Fuß zu erschließen** und zudem mit einem guten **Fahrradleihsystem** (s. S. 123) ausgestattet. Viele Besucher der Stadt werden größtenteils ohne öffentliche Verkehrsmittel auskommen.

Eine Besonderheit Belfasts sind die **schwarzen Taxis**, die in West-Belfast feste Routen abfahren und gegen einen Festpreis (in der Regel 3 £) Gäste jederzeit auf der Route aus- oder zusteigen lassen. Diese Tradition begann in den frühen 1970er-Jahren, als der öffentliche Nahverkehr komplett zusammenbrach. Man kaufte alte Londoner Taxis auf und fuhr die Falls Road auf und ab. Dies ist nach wie vor der Fall, mittlerweile in Konkurrenz zu Linienbussen. Die schwarzen Taxis sind jetzt mit speziellen Lizenzen ausgestattet.

Das **Belfaster Busnetz** trägt den Namen Metro und wird, wie der gesamte öffentliche Verkehr Nordirlands, von Translink betrieben. Der zentrale Knotenpunkt ist um die City Hall ❶ herum am Donegall Square.

2018 wurde Belfasts Nahverkehr um die 18 Meter langen **Glider-Busse** ergänzt, die Straßenbahnen ähneln und für die eine eigene Spur reserviert ist. Sie verbinden Ost- und West-Belfast (Linie G1) sowie das Titanic-Viertel mit der Innenstadt (Haltestellen Wellington Place und Custom House Square, Linie G2) und fahren an Werktagen alle 7 bis 8 Minuten. Sie sind standardmäßig mit USB-Lademöglichkeiten für Handys ausgestattet.

In Planung ist zur Zeit der **erste fahrerlose Bus des Vereinigten Königreichs**, genannt Harlander, der im Titanic Quarter zwischen dem Bahnhof Sydenham und dem Catalyst-Wissenschaftspark in der Queens Road verkehren soll.

Wenn man mit Debit-/Kreditkarte oder dem Smartphone **kontaktlos zahlen** kann, ist die Nutzung von Bussen unkompliziert: Man hält die Karte oder das Handy ans Lesegerät beim Fahrer, es werden 2,20 £ für eine Einzelfahrt abgebucht. Bei der zweiten Fahrt innerhalb von 24 Stunden werden nochmal 1,50 £ berechnet, man hat nun eine Tageskarte für 3,70 £. Das Handy oder die Bankkarte haben nun nur noch die Funktion eines Fahrausweises. Wenn man auch für andere zahlen oder später noch mit dem Glider fahren möchte, bei dem es diese Zahlungsvariante derzeit noch nicht gibt, muss man dem Busfahrer vor der Zahlung sagen, dass man ausgedruckte Fahrkarten *(paper tickets)* benötigt.

073bf-fk

⌃ *Einer der Belfaster Busse*

Alternativ kann man vor Fahrtantritt auch **Einzelfahrkarten** (2,10 £) und **dayLink Cards,** die man für unbegrenzte Bus- und Glider-Fahrten an einem, fünf oder zehn Tagen nutzen kann, kaufen (Erwachsene 4,70 £/18 £/35 £, Kinder 2,85 £/9,50 £/18 £). Man kann sie nach Ablauf auch wieder aufladen.

Der **Belfast Visitor Pass,** der zur unbegrenzten Nutzung des öffentlichen Nahverkehrs bis im weiteren Umland (Zone 3, ca. 45 km) für einen/zwei/drei Tage berechtigt, kostet für Erwachsene 6,50 £/12 £/15,50 £ und für Kinder 3,75 £/6,50 £/8,25 £. Mit ihm kommt man auch in den Genuss einiger Ermäßigungen, z. B. 3 £ beim Eintritt für Titanic Belfast (20).

Die Fahrkarten bekommt man u. a. beim Belfast Welcome Centre (s. S. 117), dem Metro-Kiosk bei der City Hall (1) und in zahlreichen kleinen Supermärkten, die als PayPoint oder Smartlink Agents ausgewiesen sind, sowie online. Zudem kann man auch mit der App „mLink" (s. S. 144) zahlen.

- www.translink.co.uk (Metro): Fahrpläne, Routenplaner, Fahrkarten-Onlineverkauf

Statt des normalen öffentlichen Nahverkehrs können Besucher die **roten Hop-on-Hop-off-Doppeldecker** (s. S. 125) nutzen. Man kann an verschiedenen Sehenswürdigkeiten, auch in West-Belfast, aussteigen und in einen späteren Bus wieder zusteigen.

Taxistände gibt es bei der City Hall (1), am Crown Liquor Saloon (4), an den Flughäfen und den Bahnhöfen. Man kann Taxis auch anhalten oder telefonisch oder online bestellen:

- **Value Cabs,** www.valuecabs.co.uk, Tel. 028 90809080, App Value Cabs (s. S. 144)
- **fonaCab,** www.fonacab.com, Tel. 028 90333333, App fonaCAB (s. S. 144)
- **Uber** (www.uber.com) ist auch in der Stadt Belfast aktiv.

Wetter und Reisezeit

Richtig heiß wird es in Belfast, wo Temperaturen über 20 °C untypisch sind, selten. Zudem regnet es häufiger, als dies in unseren Breiten und selbst in England der Fall ist. Am besten ist das Wetter von Mai bis August, wenn auch viele Festivals und Veranstaltungen stattfinden.

⊡ Die Skulptur Beacon of Hope (16) symbolisiert Frieden, Harmonie und Dankbarkeit sowie die Regenerierung Belfasts

Durchschnitt	Wetter in Belfast											
Maximale Temperatur	6°	7°	9°	12°	15°	18°	18°	18°	16°	13°	9°	7°
Minimale Temperatur	2°	2°	3°	4°	6°	9°	11°	11°	9°	7°	4°	3°
Regentage	16	11	15	10	12	11	11	13	13	14	13	14
	Jan	Febr	März	Apr	Mai	Juni	Juli	Aug	Sept	Okt	Nov	Dez

007bf-fk

Kleine Sprachhilfe Englisch

Die folgenden Wörter und Redewendungen wurden dem Reisesprachführer „Englisch – Wort für Wort" (Kauderwelsch-Band 64) aus dem REISE KNOW-HOW Verlag entnommen.

Häufig gebrauchte Wörter und Redewendungen

Zahlen

1	(wann)	*one*
2	(tuh)	*two*
3	(ðrih)	*three*
4	(fohr)	*four*
5	(feiw)	*five*
6	(ßikß)	*six*
7	(ßäwèn)	*seven*
8	(äit)	*eight*
9	(nein)	*nine*
10	(tänn)	*ten*
11	(ihläwèn)	*eleven*
12	(twälw)	*twelve*
13	(ðörtihn)	*thirteen*
14	(fohrtihn)	*fourteen*
15	(fifftihn)	*fifteen*
16	(ßikßtihn)	*sixteen*
17	(ßäwèntihn)	*seventeen*
18	(äitihn)	*eighteen*
19	(neintihn)	*nineteen*
20	(twänntih)	*twenty*
30	(ðörtih)	*thirty*
40	(fohrtih)	*forty*
50	(fifftih)	*fifty*
60	(ßikßtih)	*sixty*
70	(ßäwèntih)	*seventy*
80	(äitih)	*eighty*
90	(neintih)	*ninety*
100	(hanndrid)	*hundred*

Die wichtigsten Zeitangaben

yesterday	(jäßtèrdäi)	gestern
today	(tuhdäi)	heute
tomorrow	(tuhmohrrou)	morgen
last week	(lahßt wihk)	letzte Woche
in the morning	(in ðè mohrning)	morgens
in the afternoon	(in ðih_ ahftèrnuhn)	nachmittags
in the evening	(in ðih_ ihwèning)	abends
Sunday	(ßanndäi)	Sonntag
Monday	(manndäi)	Montag
Tuesday	(tjuhsdäi)	Dienstag
Wednesday	(wännsdäi)	Mittwoch
Thursday	(ðörsdäi)	Donnerstag
Friday	(freidäi)	Freitag
Saturday	(ßättèrdäi)	Samstag

Die wichtigsten Fragewörter

who?	(huh)	wer?
what?	(wott)	was?
where?	(wäèr)	wo?/wohin?
why?	(wei)	warum?
how?	(hau)	wie?
how much?	(hau matsch)	wie viel? (Menge)
how many?	(hau männih)	wie viele? (Anzahl)
when?	(wänn)	wann?
how long?	(hau long)	wie lange?

Die wichtigsten Richtungsangaben

on the right	(on ðè reit)	rechts
on the left	(on ðè läfft)	links
to the right	(tuh ðè reit)	nach rechts
to the left	(tuh ðè läfft)	nach links
turn right/ left	(törn reit/ läfft	rechts/links abbiegen
straight on	(ßträjt on)	geradeaus
in front of	(in front_off)	gegenüber
outside	(autseid)	außerhalb
inside	(inseid)	innerhalb
here	(hi-èr)	hier
there	(ðäèr)	dort
up there	(ap ðäèr)	da oben
down there	(daun ðäèr)	da unten
nearby	(nihrbei)	nah, in der Nähe
around the corner	(raund ðè kohrnèr)	um die Ecke

+++ Die wichtigsten Wörter mit dem Bonus-Audiotrack des Kauderwelsch-

Die wichtigsten Floskeln und Redewendungen

yes	(jäß)	ja
no	(nou)	nein
thank you	(ðänk_juh)	danke
please	(plihs)	bitte
Good morning!	(gudd mohrning)	Guten Morgen!
Good evening!	(gudd ihwèning)	Guten Abend!
Hello! / Hi!	(hällou/hei)	Hallo!
How are you?	(hau ah juh)	Wie geht es Ihnen/dir?
Fine, thank you.	(fein ðänk_juh)	Danke gut.
Good bye!	(gudd bei)	Auf Wiedersehen!
Have a good day!	(häw_è gudd däi)	Einen schönen Tag!
I don't know.	(ei dount nou)	Ich weiß nicht.
Cheers	(tschiers)	Prost!
The bill, please!	(ðè bill plihs)	Die Rechnung, bitte!
Congratulations!	(kongrätuläischènß)	Glückwunsch!
Excuse me!	(ikßkjuhs mih)	Entschuldigung!
I'm sorry.	(eim ßorrih)	Tut mir Leid!
It doesn't matter.	(itt dahsnt mättèr)	Das macht nichts.
What a pity!	(wott_è pittih)	Wie schade!

Die wichtigsten Fragen

Is there a/an ... ?	(is ðäèr è/ènn ...)	Gibt es ...?
Do you have ... ?	(duh juh häw ...)	Haben Sie ...?
Where is/are ... ?	(wäèr is/ah ...)	Wo ist/sind ... ?
Where can I ... ?	(wäèr kähn_ei)	Wo kann ich ... ?
How much is it?	(hau matsch is_itt)	Wie viel kostet das?
What time?	(wott teim)	Um wie viel Uhr?
Can you help me?	(kähn juh hällp mih)	Können Sie mir helfen?
Is there a bus to ... ?	(is ðäèr è_baß tuh ...)	Gibt es einen Bus nach ...?
How are you?	(hau ah juh)	Wie geht es dir/Ihnen?
What's your name?	(wotts juhr näim)	Wie heißt du/heißen Sie?
How old are you?	(hau ould ah juh)	Wie alt bist du/sind Sie?
Where do you come from?	(wär duh juh kamm fromm)	Woher kommen Sie?
Excuse me?	(ikßkjuhs mih)	Wie bitte?

Nichts verstanden? – Weiterlernen!

I don't speak English.	(ei dount spihk in-glisch)	Ich spreche kein Englisch
Pardon?	(pahdèn?)	Wie bitte?
I don't understand.	(ei dount andèrständ)	Ich habe nicht verstanden
Do you speak German?	(duh juh spihk dschörmèn?)	Sprechen Sie Deutsch?
How do you say that in English?	(hau duh juh säi ðät in in-glisch?)	Wie heißt das auf Englisch?
What does it mean?	(wott dahs_itt mihn?)	Was bedeutet das?

Kleine Sprachhilfe Irisch-Gälisch

Die folgenden Begriffe wurden dem Sprachführer „Irisch-Gälisch – Wort für Wort" (Kauderwelsch-Band 90) aus dem Reise Know-How Verlag entnommen. Ausspracheangaben beziehen sich auf den in Belfast üblichen Ulster-Dialekt.

Die wichtigsten Wörter und Floskeln

go maith	(go mai)	gut
Le do thoil.	(le do holl)	Bitte.
Go raibh maith agat.	(go re mai agget)	Danke.
Cad é mar atá tú!	(godschee mar taa tuu)	Hallo!
Oíche mhaith!	(iiche uai)	Gute Nacht!
Slán!	(slaan)	Auf Wiedersehen!
Seo duit!	(scho ditt)	Bitte sehr!
Go mo leithscéal!	(go mo leschkell)	Entschuldigung!
Ní thuigim.	(nii higim)	Ich verstehe nicht.
Is mise ...	(iss mische ...)	Ich heiße ...
Tá mé ag foghlaim.	(taa mee eg foolem)	Ich lerne.
Is as ... mé.	(iss ass ... mee)	Ich komme aus ...
an Ghearmáin	(enn jermaajn)	Deutschland
an Ostair	(enn ossterr)	Österreich
an Eilvéis	(enn ellweesch)	der Schweiz
Gaeilge	(geelig)	Irisch
Béarla	(beerla)	Englisch
Gearmáinis	(gerrmaanisch)	Deutsch
criospaí	(krisspii)	Kartoffelchips
tá	(taa)	ja
níl	(niil)	nein

Fragen

Cad é mar atá tú?	(godschee mar taa tuu)	Wie geht es Ihnen?
An bhfuil ... agat?	(e will ... agett)	Sprechen/Haben Sie ...?

Im Restaurant oder Café

Ba mhaith liom ...	(ba wai ljomm ...)	Ich möchte ...
cupán tae	(kupaan tee)	eine Tasse Tee
cupán caife	(kupaan kaffee)	eine Tasse Kaffee
cupán eile	(kupaan elle)	noch eine Tasse
burgar	(burger)	einen Hamburger
píotsa	(pizza)	eine Pizza
ceapaire	(kjäppere)	ein Sandwich
iasc	(iijessk)	einen Fisch
sceallóga	(schkjellogge)	Pommes
píosa den chácа sin	(piissa denn chaake schinn)	ein Stück von diesem Kuchen
sin	(schinn)	das da
agus	(aggess)	und

Register

Impressum

Astrid Fieß, Lars Kabel

CityTrip Belfast

3., neu bearbeitete und aktualisierte Auflage 2024

ISBN 978-3-8317-3803-8

Printed in Germany

Druck und Bindung:
mediaprint solutions GmbH, Paderborn

Herausgeber: Klaus Werner
Layout: amundo media GmbH (Umschlag, Inhalt), Peter Rump (Umschlag)
Lektorat: amundo media GmbH
Karten: Ingenieurbüro K. Wendler, amundo media GmbH
Anzeigenvertrieb: KV Kommunalverlag GmbH & Co. KG, Alte Landstraße 23, 85521 Ottobrunn, Tel. 089 928096-0, info@kommunal-verlag.de
Kontakt: Osnabrücker Str. 79, 33649 Bielefeld, info@reise-know-how.de

Alle Angaben in diesem Buch sind gewissenhaft geprüft. Preise, Öffnungszeiten usw. können sich jedoch schnell ändern. Für eventuelle Fehler übernehmen Verlag wie Autoren keine Haftung.

Bildnachweis
Umschlagvorderseite: ©Henryk Sadura, stock.adobe.com | Umschlagrückseite: ©VanderWolf Images, dreamstime.com | Umschlagklappe rechts: Astrid Fieß, Lars Kabel
Soweit ihre Namen nicht vollständig am Bild vermerkt sind, stehen die Kürzel an den Abbildungen für die folgenden Fotografen, Firmen und Einrichtungen. Astrid Fieß, Lars Kabel: fk | Klaus Werner: kw

Liste der Karteneinträge

- ●107 [B3] Kulturzentrum 2 Royal Avenue, S. 92
- ●108 [A5] Europa Bus Centre S. 112
- ●109 [ef] Fähranleger Belfast S. 112
- ●110 [D4] Bahnhof Belfast Central S. 113
- ●111 [A6] Bahnhof Botanic S. 113
- ●112 [A5] Bahnhof Great Victoria Street S. 113
- P113 [B2] Exchange Street Car Park S. 114
- P114 [B3] Handy Park – Winetavern Street Car Park S. 114
- P115 [B2] Little Donegall Street Car Park S. 114
- i116 [B3] Shopmobility Belfast S. 114
- i118 [B4] Visit Belfast Welcome Centre S. 117
- 119 [B2] Kremlin S. 120
- 120 [B2] Maverick Bar S. 120
- 121 [B2] Union Street Bar S. 120
- 122 [A1] Mater Hospital S. 121
- 123 [bh] Royal Victoria Hospital S. 121
- 124 [bi] The Royal Belfast Hospital for Sick Children S. 121
- 125 [ci] Belfast City Hospital S. 121
- ✉126 [C3] Belfast City Post Office S. 123
- ✉127 [A8] Botanic Gardens Post Office S. 123
- H128 [A6] Benedict's of Belfast S. 128
- H129 [B5] Clayton Hotel S. 128
- H130 [B5] Etap Belfast S. 128
- H131 [A5] Holiday Inn Belfast City Centre S. 128
- H132 [A7] House S. 129
- H133 [C2] Ramada Encore S. 129
- H134 [F1] Titanic Hotel Belfast S. 129
- 135 [aj] Greenmount B & B S. 129
- 136 [dj] Ravenhill Guesthouse S. 129
- 137 [ci] The Gregory S. 129
- 138 [bj] The Old Rectory S. 129
- 139 [A6] Belfast International Youth Hostel S. 129
- 140 [A7] Botanical Backpackers S. 130
- 141 [cj] Queen's University – Elms Village S. 130
- 142 [A7] Vagabonds S. 130

Zeichenerklärung

- Hauptsehenswürdigkeit
- [D3] Verweis auf Planquadrat
- Arzt, Apotheke, Krankenhaus
- Bahnhof
- Bed and Breakfast
- Bibliothek
- Café
- Denkmal
- Fischrestaurant
- Friedhof
- Galerie
- Geschäft, Kaufhaus, Markt
- Golfplatz
- Hotel, Unterkunft
- Hostel, Jugendherberge
- Imbiss
- Informationsstelle
- Kino
- Kirche
- Museum
- Musikszene, Disco
- Parkplatz/-haus
- Polizei
- Post
- Pub, Kneipe
- Restaurant
- Rundblick
- Sehenswertes
- Sonstiges
- Theater
- Stadtspaziergang (s. S. 13)
- Shoppingareale
- Gastro- und Nightlife-Areale

Hier nicht aufgeführte Nummern liegen außerhalb der abgebildeten Karten. Ihre Lage kann aber wie die von allen Ortsmarken im Buch mithilfe der Web-App angezeigt werden (s. S. 144).

Belfast mit PC, Smartphone & Co.

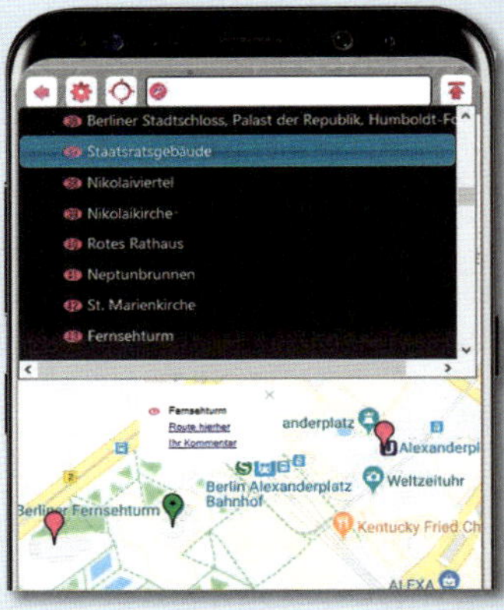

QR-Code auf dem Umschlag scannen oder **www.reise-know-how.de/citytrip/belfast24** eingeben und die **kostenlose Web-App** aufrufen (Internetverbindung zur Nutzung nötig)!

- ★**Anzeige der Lage und Satellitenansicht aller** beschriebenen Sehenswürdigkeiten und touristisch wichtigen Orte
- ★**Routenführung** vom aktuellen Standort zum gewünschten Ziel
- ★**Exakter Verlauf** des empfohlenen Stadtspaziergangs
- ★**Audiotrainer** der wichtigsten Wörter und Redewendungen
- ★**Updates** nach Redaktionsschluss

GPS-Daten zum Download

Die GPS-Daten aller Ortsmarken und des Spaziergangs stehen auf der Produktseite des Titels auf www.reise-know-how.de zum Download zur Verfügung.

Stadtplan für mobile Geräte

Um den Stadtplan auf Smartphones und Tablets nutzen zu können, empfehlen wir die App „Avenza Maps" der Firma Avenza™. Über die Funktion „Store" kann die „Citymap Belfast 2024" kostenlos geladen werden.

Unsere App-Empfehlungen zu Belfast

- **Translink NI:** App zur Planung von Fahrten mit dem ÖPNV. Mit Fahrplänen und Stadtkarten. (kostenlos für Android und iOS).
- **Translink mLink:** Mit dieser App kann man die Fahrten in Bussen und Glider-Bussen bezahlen (kostenlos für Android und iOS).
- **Value Cabs:** App eines Taxiunternehmens, mit der man sich z. B. für die Bestellung eines Taxis per GPS lokalisieren lassen oder auch ein Taxi zu einer bestimmten Adresse kommen lassen kann (kostenlos für Android und iOS).
- **fonaCAB:** App eines weiteren Taxiunternehmens (kostenlos für Android und iOS).
- **Belfast Hills:** Mithilfe dieser App kann man die Hügel um Belfast identifizieren, sich nach Schwierigkeit und Länge klassifizierte Wanderungen vorschlagen lassen oder nach Veranstaltungen suchen (kostenlos für iOS).

Die Information über und die Bereitstellung von digitalen Zusatzinhalten (z. B. Web-App, Links, GPS-Tracks o. Ä.) ist eine freiwillige Zusatzleistung des Verlages, auf die kein Anspruch besteht und für deren Richtigkeit aufgrund der Veränderlichkeit solcher Informationen auch nicht gehaftet werden kann. Insbesondere behält sich der Verlag deshalb vor, die Bereitstellung und die Zugriffsmöglichkeit zeitlich zu befristen und den Zugriff hierauf auch vorfristig abzuschalten.